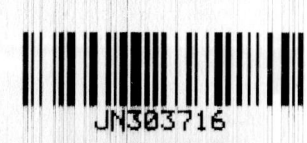

東京湾を安全に、
愉快に遊び尽くそう！

ogaogaの

東京湾
クルージングガイド

小川 淳

CONTENTS 目次

はじめに

私も初心者のときはそうでしたが、期待に胸膨らませてマイボートを手に入れたものの、なにをしたらいいのか、どこへ行ったらいいのかわからず、困っている人は少なくない気がします。ボートには、ドライブガイドやカーナビのコース案内などはありません。すべて、キャプテン自らが目的地と、そこに至るコースを選定し、ボートを安全に導かなければなりません。クルージングに出た1日を、楽しく安全に遊べるかどうかは、キャプテンの腕にかかっているといってもいいでしょう。

新米キャプテンとしては、責任重大。でも、そんなビギナーが欲しい情報ってなかなかないんですよね。ほかの海域をゲレンデとしている方には申し訳ないですが、本書はそういったビギナーのために、筆者がフィールドとしている東京湾近郊を中心に、クルージングのノウハウを一冊に凝縮してみました。これをご覧いただければ、きっと遊び方のヒントが見つかると思います。ほかの海域でお乗りの方は、ぜひ同様のゲレンデマップをご自身の手で作り上げてみてください。

本書が、ビギナーの方の遊び方の参考になれば幸いです。

おことわり

この本に掲載されている情報は、執筆時点(2009年3月現在)の情報に基づいて作成したものです。筆者が善意の努力を果たしていることは約束しますが、だからといって、かならずしもすべてが正しいと保証されたものではありません。陸上の道路が常に変化するように、海の情報も常に変化します。ブイが設置された、防波堤が延長された、定置網が入ったなど。いずれの港に入港する場合もそうですが、航行にはかならず海図もしくは『ヨット・モータボート用参考図』、港やマリーナへの入港には『プレジャーボート・小型船用港湾案内』を見て、コースや入港針路を確認してください。なお、本誌では航海用電子海図の一部を掲載しています。

今回使用したチャートについて

筆者の愛艇、〈TORITON Ⅳ〉のコンソール周り。一番左に見えるモニターで、電子海図を表示しています。精密機械であるパソコンは、水や振動に弱いので設置に工夫が必要ですが、一度使うと手放せないくらい便利です

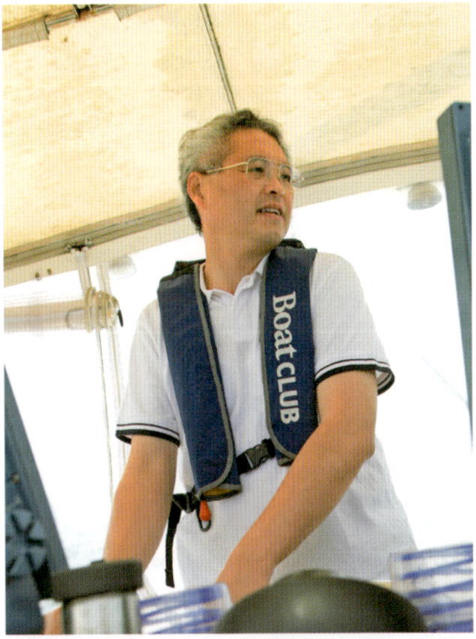

電子海図を見ながらクルージングを楽しむ筆者。想定するコースをあらかじめ入力しておけば、いつも最適なコースを呼び出して表示できるので、非常に楽です

さて、『東京湾クルージングガイド』の本編に入る前に、今回、誌面で掲載しているチャート（海図）について少々。使用しているチャートは、「航海用電子海図」（以下、電子海図）と呼ばれているものです。電子海図は、表示をするためにパソコンを必要とするため、オープンスタイルの小型艇などの場合、装備するのに少々キビシイ場合もありますが、大変便利なものです。電子海図には紙海図のそれとまったく同等の情報が、電子データとして整備されています。また、紙海図と同様、日本水路協会より発売されていて、だれでも購入することが可能です。

従来、プレジャーボートで使用していたGPSプロッターに描かれる海岸線は、「おお

モニターの左下に見えるのが、電子海図を操作するキーボード、手に持っているのがトラックボールです。チャートは、概観、一般航海、アプローチ、入港、停泊といったレベルを表示範囲によって、自動的に選択して表示されます

よそ」のものでした。これは、ブイや航路にしても同様です。またブイや航路などが変更されても、GPSプロッターのデータは、更新されません（現在は、一部の機種で有料で更新可能なモデルもあります）。ですから、航海計画を立てるのは紙海図上で行い、GPSプロッターのデータは、あくまでも航行するときの「参考」情報でした。

しかし、電子海図は、その情報量や質がまったく紙海図と同等なため、すべての航海計画やナビゲーションが、この電子海図上で行えるようになったのです。最近では、一部高級なGPSプロッターのなかにも搭載できるようになってきたり、パソコン上で手軽に表示することができるビューワーソフトも登場してきました。

ビギナーの方は、電子海図＆日本総合システムのビューワーソフト、「ChartViewer」がおすすめです。「ChartViewer」は、海図表示のほかにも、航路の設定や地名・緯度経度検索、点間の距離計測など、さまざまな機能が搭載されていて、その使い勝手は秀逸。なにしろ、パソコン上で本物の海図を見ながら航海計画を立てることができるのです。想定するコースをあらかじめ入力しておけば、いちいち検討する必要もなく、いつでも最適なコースを呼び出して表示可能。三角定規とディバイダーを使って悪戦苦闘しながら航海計画していたのが、まったく嘘のようです。

また、パソコンをGPSと接続すれば、この電子海図が、GPSプロッターに早変わりします。このことにより、航跡がそのままデータとして残せるようになりました。このデータを元に、あとで詳細な分析をすることもできますし、友人と航跡データの交換をすることもできます。自分が行ったことのない場所でも模擬的に行けるのですから、すごいですよね。以前なら、紙海図を見ながらコースを検討してプロットし、GPSに入力して……とやっていた事柄が、すべて電子海図ひとつでまかなえてしまうのです。実際、筆者はとても重宝していて、もう手放せません。みなさんも機会があったら、ぜひご覧になってみてください。

ChartViewer（チャートビューワー）

チャートビューワーは、電子海図を表示するソフト。自らの航行エリアに合わせた電子海図を購入し、このチャートビューワーで海図をパソコン上に表示させます。海図表示や位置特定、航路設定、GPSによる自船表示など、その使い勝手は特筆ものです

●価格：50,400円

（問）
日本総合システム
TEL：03-3205-7921　http://www.nssys.co.jp/

PART 1

東京湾はとっても変化に富んだ場所。風光明媚な内湾から、背景に人工物が林立する大都会の海まで、さまざまな顔を楽しめます。ボートオーナーになったら、こうしたスポットを訪れない手はないでしょう。航行には気を使う場所も少なくありませんが、一度覚えてしまえば難しいことはありません。ぜひ、いろいろと勉強し、東京湾を遊び尽くしましょう！

東京湾クルージングに出掛けよう

楽しい魅力がいっぱい!

東京湾というフィールド

さて、どこへ行こう?

ボートは買ってみたものの、「どこを走ったらよいのだろう?」「どこへ行ったらよいのだろう?」と途方に暮れてしまったことはありませんか? 海にはドライブマップもありませんし、カーナビが観光地や遊ぶところを案内してくれるわけでもありません。すべて船長自らが決めなくてはならないのです。

とはいえ、経験豊富なボートオーナーがたまたま身近にいるような場合を除けば、「いったいそんな情報、どこで手に入れたらいいんだ」と戸惑うことも少なくありません。そう、ボートで自由自在に走りまわるのはなかなか大変なことで、これができるかできないかによって、プレジャーボートという遊びは楽しいものにもつまらないものにもなってしまうのです。

合同クルージングで大島へ。大島は、関東圏のボート乗りにとって、一度は訪れたい憧れの場所のひとつ

大海原を颯爽と走るのは気持ちがよいもの。自分が遊ぶフィールドを隅々まで知り尽くしていれば、充実したボートライフを送ることができます

より充実したボートライフを夢見るなら、少なくとも自分が遊んでいるフィールドについては隅々まで知り尽くしておく必要があります。だれのためでもありません。「自分が安全に楽しく遊ぶため」にです。手に入れられる情報は、ありとあらゆるものを収集する。情報には貪欲になってください。

ただ待っているだけでは情報は入ってきません。自分自身で能動的に集める必要があります。海域のことは海図や『ヨット・モータボート用参考図』を見る、寄港情報は雑誌やインターネットを穴が開くほど見て探し回る、マリーナや漁港への入出港針路については『プレジャーボート・小型船用港湾案内』を見る、そして一番よいのは周りにいるベテランに教えを請うことです。

ただし、周囲の人から話を聞く場合には、

「教えてくれ、教えてくれ」の一点張りでは円滑なコミュニケーションはとれません。自分が前向きに努力し、しっかりルールを守って行動できる姿勢を見せることが重要です。

こうして手に入れた情報は、あなた自身の宝物となります。今後のボート遊びはさらに楽しいものとなることでしょう。ぜひとも、自分の遊ぶフィールドについて知り尽くしてください。

東京湾の特徴

東京湾の特徴としては、航行する船舶が多いこと、ブイや航路によって航行時のルールが定められていること、防波堤など建造物が多いこと、可航範囲が狭いため多少危険なエリアであってもやむを得ず近づかなければならない場合があること……などが挙げられると思います。後述するように、注意を要するポイント、危険なポイントは何十個所にもおよびます。東京湾は世界でも有数の船舶輻輳海域なので、本船乗りでさえ「東京湾に近づくとドキドキする」というくらい緊張する海域といえます。

実際にプレジャーボートで航行してみると、ほかの船舶が多いため、ひっきりなしに行き会い状態になります。そのなかでも本船との行き会いにおいては、「かならず相手を避けてあげる」を厳守してください。大型の本船は船首方向が死角になりますし、いざ避けようとしても、舵が利き始めるまでには長い時間と距離が必要です。いらぬ気を使わせないように、本船と微妙な位置関係になりそうな場合は、「こちらの方から」「近づき過ぎないうちに」「十分離して」「大きくはっきり」と避けてあげることが大切です。

ほかの船を避ける場合は、相手の船尾方向に船首を向けます。これによって、相手も安心して走ることができるからです。大型船の船首をかすめて猛スピードで横切るプレジャーボートが多く、船首の陰に入ってしまい「危ない」と思うこともままあるとか。「本船には接近するな」が、プレジャーボートの常識です。ケンカすれば、小型船が負けるに決まっていますからね。我が身がかわいいのなら、こちらから逃げましょう。航行上のルールを守るとともに、常に自分の進むべきコースを判断し、意識的に見張りを行うことが重要です。

東京湾は水深の浅いエリアを多くの船舶が航行するため、波長が短く尖った波が立ちやすいという特徴があります。天候によっては、脳天に響くぐらい叩かれることも少なくありません。キャプテン泣かせの嫌な波が立つのも、この海域の特徴といえます。

レインボーブリッジ周辺の臨港風景は、いかにも大都会東京のベイサイドといった雰囲気。写真のような景観は、海からしか望めません

浦賀水道航路の航路ブイ。航路にはなるべく侵入しないようにし、やむなく航行する場合は交通ルールを厳守しましょう

一方、東京湾の魅力といえば、湾内いたるところに点在するマリーナや海の駅、波静かな内水面や泊地、大都会のアーバンサイドから自然に富んだ風光明媚な景色と、さまざまな風景を楽しむことができることです。湾外に目を向ければ、黒潮流れる太平洋、伊豆七島や湘南を擁する相模湾、さらには伊豆半島などにも足を延ばすことが可能です。湾奥の海域は、お世辞にもきれいな海とはいえませんが、それも含めて変化に富んだクルージングエリアといえるでしょう。

東京湾周辺の気象と海況

東京湾は海底が浅く起伏が激しいうえ、南西に大きく口を開けているので、春先から夏場に吹く南西の風には弱く、少し風が吹くとすぐに嫌な波が立ちます。プレジャーボートにとって、外洋で出合う波長の長い波高2メートルのうねりのなかを走るのは大したことがないかもしれませんが、湾内で波長の短い波が波高2メートルを超えると、とても走ってはいられなくなります。気象情報にある波の高さというのは、一律にとらえてはいけないのです。

東京湾の気象で特徴的なのは、決まって夏の午後に吹くことです。「海風」、「陸風」という言葉をお聞きになったことがあるかと思いますが、暖められた陸地で上昇気流が発生し、それを補うように海から陸に向かって風が吹く。これが海風です。

風速10メートル弱というのが、平均的なところでしょうか。午前中は穏やかな北風が吹いていて、日中はほとんど無風。しかし午後になると南風に変わり、2時くらいになるとビュンビュン吹いてくる。この強い風は夕方いっぱい続き、夜9時くらいになると止む……というのが通常のパターンです。

春から夏にかけての時期は、こうした風のパターンを計算に入れておかないとひどい目に遭います。湾口の海域までクルージングに出て、湾奥のマリーナに戻るような場合は、南西風が強くなってきたら早めに切り上げて戻りましょう。東京湾は気象の変化が激しい場所だということを、十分に理解しておく必要があります。

もしインターネットなどがお使いになれる環境があったら、「東京湾海上交通センター」のホームページを見てみてください。

http://www6.kaiho.mlit.go.jp/tokyowan/

ここの気象情報には、東京湾および周辺各地の風向風速が表示されています。夏場南風が吹くときは、大島、洲埼、剱埼と、湾口の方から南風が強くなってきて、第二海堡、本牧、十三号地……と徐々に湾奥のほうへ伝播していきます。逆に弱まるときも湾口のほうから弱まっていきます。常にこうした情報を見ていると、「この時期、こういう天気ならこんな風が吹くだろう」と予想をすることができるようになります。仕事でボートに乗れない日も、ときどきチェックして、自分のゲレンデでどんな風が吹くのかということを調べてみてください。ちなみに、この気象サイトは携帯電話にも対応しているため、洋上でも活用することができます。

反対に冬季、北寄りの季節風が吹く場合は、あまり時間や場所による変化というものはありません。吹き始めたらずっと吹きっぱなしです。湾口から湾奥に向かうときは、向かい波に叩かれながら帰るのを覚悟しておきましょう。

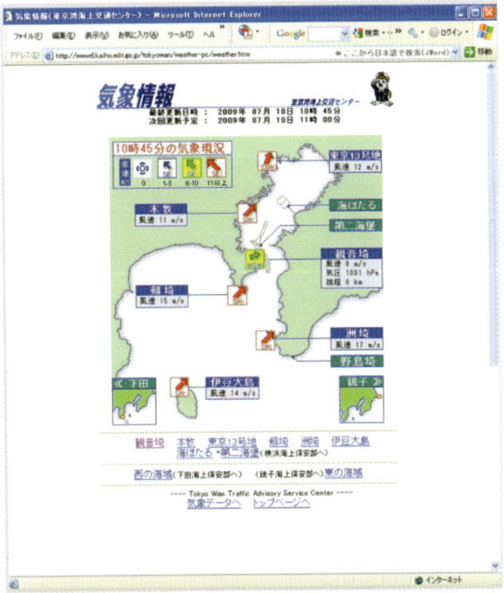

東京湾は気象の変化の激しい場所。「東京海上交通センター」のホームページには各地の風向風速が表示されています。この気象サイトは携帯にも対応しています

一方、波の立ち方には風が海を吹き渡る距離が関係してくるので、強風波浪注意報が発令されるくらい北風が強くても、東京湾の湾奥はいたって静かということもあります。東風や西風のときも同じで、それぞれ房総半島や三浦半島寄りの風裏になるエリアでは、風が強い場合でも波静かに遊べることがあります。もちろん、その恩恵を受けられないほど遠出をしてしまっては駄目ですけどね。

東京湾の場合、南西の風が吹くときはどこにも風裏がなく、風の強い日には波が荒れ狂うこともあります。そんなときは、波静かな港内の内水面でリバークルーズと洒落こみましょう。小型艇は小型艇なりにいろいろ遊べるということですね。

波の立ち方を見ると、富津岬と観音埼の間を結んだ線より湾の内側か外側かによってだいぶ異なります。これは、海の水深が関係してくると考えられます。外側の海域では、外洋のうねりや波浪の影響もあります。その一方で内側の海域では、南風が吹くと湾内のどん詰まりに風が吹き寄せられて、それこそグチャグチャの波が立ったりもします。自分にとって限界の波がどのくらいであるのかは、身をもって体験するしかありません。

日々、変化していく海

海底の様子はあまり変わらなくても、水の上の様子は不変ではありません。東京

湾においても、海岸線や防波堤、航路標識などが頻繁に変わります。筆者がボートに乗り始めてからのほんの短い間でも、東京湾アクアライン、横浜ベイブリッジ、鶴見つばさ橋、レインボーブリッジなどの建設、羽田空港の拡張工事、第三海堡の撤去などといった、さまざまな建設プロジェクトが実施されました。また、〈ダイヤモンドグレース号〉の乗揚事件など、多くの座礁事故や衝突事故が発生し、それにともなって航路標識や航法ルールも変更されたのです。

このように、東京湾は日々刻々と変化していきます。当然、ナビゲーションに使う海図やGPSプロッターの地図情報が古かったら、その変化を知ることができません。陸上のカーナビの地図情報が古いままだと、新しく作られた道を通ることができないのに似ています。

しかし、陸と海では決定的な違いがあります。陸上では安全に管理された道路を走るのに対して、海上ではその変化を知らなかったばかりに、護岸に衝突したり、本船の常用コースのただなかに入り込んでしまい、怖い思いをする危険性があるのです。海上の航行ルールの変化には、陸上の運転以上に敏感になっていなくてはなりません。

こまめに海図を補正したり、GPSプロッターの海図データを更新したりするのは大変な作業ですが、海上での工事や交通ルールの変化は安全な航行に重大な影響を与えるので、事前のアナウンスやマリーナなどへのビラの配布などに十分な準備期間を取っています。マリーナに足を運んだ際には、かならずフロントなどに掲示してある各種の情報を確認するよう心掛けましょう。また、PBS（プレジャーボートスポットと呼ばれる簡易係留施設）などにボートを泊めていて、こういった情報に接するチャンスがない場合は、管区海上保安本部のホームページなどをときどきチェックして、情報を仕入れるようにしてください。

初めての場所に行くときは、かならず海図などでコースを検討しましょう

こうした手間を省いてくれるのが電子海図です。電子海図の場合、毎月、電子水路通報によって更新データが定期的に配信されるので、常に最新の情報を得ることができます。航海計画の立案にも大変便利な電子海図は、今後、徐々に普及していくことでしょう。

いずれにしても、行ったことのない場所へクルージングするときは、かならず最新の情報を入手してください。その意味からすると、本書に書かれていることも既に過去の情報で、現在は状況が違っているかもしれません。決して盲信せず、調査は怠らないようにしましょう。

PART 2

東京湾には、航行上注意しなくてはならない水域がたくさんあります。知らずに入り込んでしまうと、艇や乗員の安全に、重大な危険をおよぼすことになります。キャプテンたるもの、自分のフィールドにはどんな危険が待っているかを十分理解していることが必要です。ここでは、そんな東京湾の要注意個所を見ていくことにしましょう。

クルージング時の要注意エリア

目印のブイと澪標を見逃すな

塩浜～船橋にかけての三番瀬

東京湾の三番瀬では、潮干狩りも楽しめます。沖合の瀬で行う潮干狩りは、ボート乗りだけの特権です

自然保護関連の話題としてニュースでもたびたび取りあげられるのが、塩浜から船橋にかけて江戸川放水路の前に広がる広大な干潟、三番瀬です。この浅瀬ははるか沖合にまで広がっており、知らずにうっかり入り込んでしまうことが多々あります。季節によってはのり網も入っており、過去にはこの網に引っかかって家族連れが遭難してしまったという悲しい事故も発生しました。

このエリアでは、船橋や市川に出入りする本船のために航路標識が設けられているので、出入港では、基本的にこの標識に従って航行します。レーダーを搭載している船で港にアプローチしていくと、うっかり本船が乗りいれないように、三番瀬を囲んでブイがずらっと並んでいるのを画面から読み取ることができると思います。

一方、このエリアには小型船舶用に地元の漁業関係者が設置した澪標《みおつくし》が並んでいますが、判別がむずかしく水路も狭いので、初めての方は近づかないようにしてください。どうしても通る必要がある場合は、だれか地元のボート乗りなどにアプローチの方法を教えてもらう必要があります。ただし

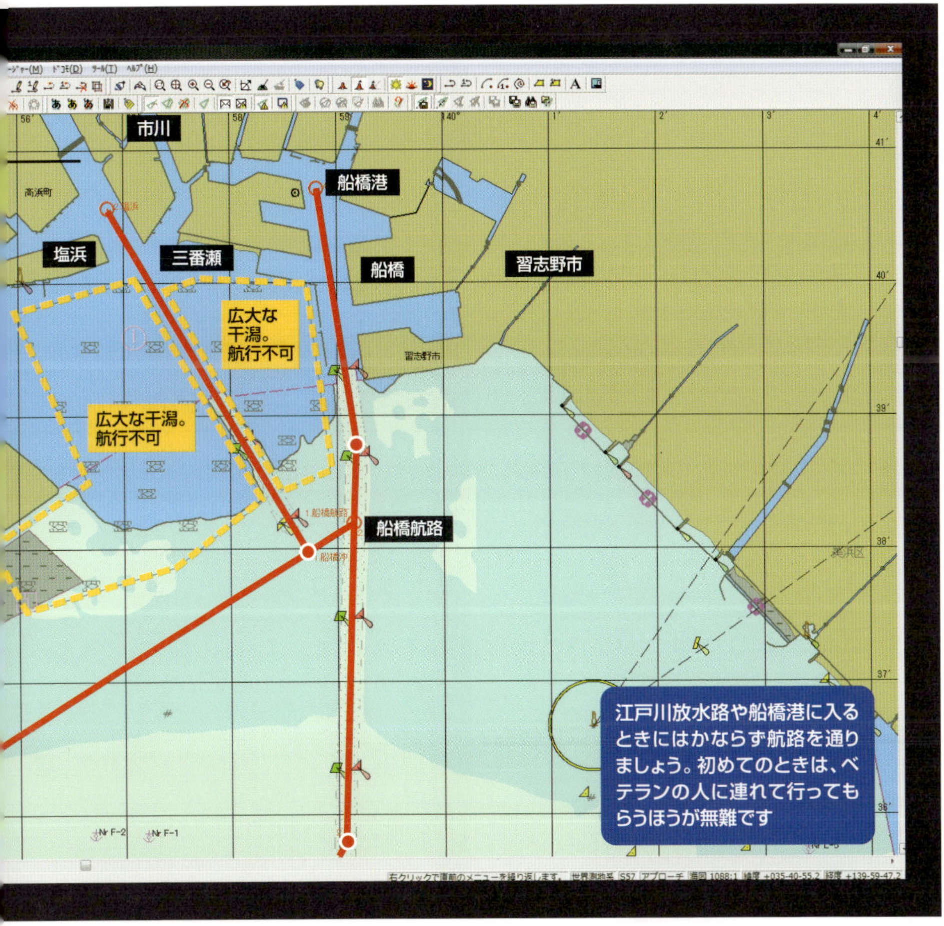

水深の浅いエリアが広がっているので、シャフト船や大型船でこのエリアに近づくのは避けたほうがよいでしょう。

三番瀬には、季節になると潮干狩りを楽しむプレジャーボートが集まってきます。ただし、これとてビーチングをしなければならず、水路も複雑。また漁業権などのローカルルールもあるので、初めのうちはベテランの人に連れて来てもらうようにしてください。

千葉県側乗り揚げワーストワン地区
木更津沖に広がる盤洲鼻

木更津港から出て、右舷に沖堤の端を見たところ。写真に映っている前方は、すべて浅瀬。要注意です

盤洲沖A灯浮標の南にある特殊標識。この標識と沖堤の端を結んだ陸側が浅瀬です

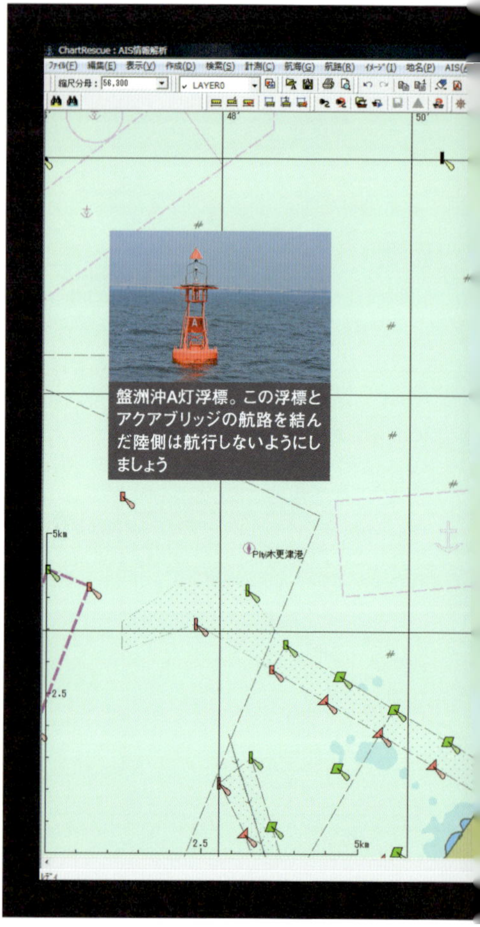

盤洲沖A灯浮標。この浮標とアクアブリッジの航路を結んだ陸側は航行しないようにしましょう

木更津沖に広がる盤洲鼻。あまり聞き慣れない地名かもしれませんが、ここは千葉県側で乗り揚げ事故が一番多い浅瀬です。ちょうど東京湾アクアラインの橋があるあたりですね。周辺の海域では、広大な浅瀬を利用したのりの養殖や簾立て漁業などが盛んに行われています。当然、ボートの航行ができるはずもありません。ここは目印となるようなブイや竹竿もほとんどなく、知らずに入り込んで、浅瀬に乗り上げてしまう人が後を絶ちません。盤洲鼻周辺はカレイやシロギスなどの好漁場となっているので、釣りに夢中になっているうちにうっかり入り込んでしまうケースも多いようです。

東京湾アクアラインの海ほたるから千葉側に伸びる橋は「アクアブリッジ」と呼ばれ

ていますが、プレジャーボートがこの橋を通過する場合は、航路となっている背の高い部分を通過するようにしましょう。この航路よりも陸側には、近寄ってはいけません。

　また、橋を通過して湾口へと向かう場合は、海ほたると木更津の防波堤の先端を結んだ線よりも陸側には近寄らないよう注意しましょう。この線よりも陸側は大変浅く、季節によってはのり網が数多く設置されているので、接近は危険です。

慣れている人でも要注意

葛西臨海公園前の三枚州

(上)葛西臨海公園の水族館と大観覧車
(下左)東京ディズニーリゾートのホテル群前に設置された竹ザオ
(下右)三枚州の沖合にある立標。乗り揚げ注意!

夢の島マリーナ
夢の島
辰巳
新木場
若州
葛西臨海公園前に広がる三枚州は、広大な浅瀬で航行はできません。はるか沖合には浅瀬を示す黄色い立標が取り囲んでいます

旧江戸川と荒川に挟まれた、葛西臨海公園前に広がる浅瀬が三枚州です。東京湾における乗り揚げ事故ワーストワンといわれるこの浅瀬は、はるか沖合にまで広がっているため、知らないうちにうっかり入り込んでしまうことがあります。特に旧江戸川側には可航幅が100メートルにも満たないところがあって、慣れている人でも注意が必要となります。ぐるりと取り囲むように黄色い鉄製の標柱が立っているので、かならず視認してください。

海図を見れば水深が非常に浅いことが見てとれますし、目印の立標が浅瀬を取り囲んでいるのもわかりますが、実際にボートの目線から見ると、1本1本の立標は確認できても、全体を把握するのはけっこうむずかしいことです。かならず全体像を頭に入れておいてください。ちなみにレーダーを搭載していれば、浮標や立標がぐるっと浅瀬を取り囲んでいるのを画面上でも確認できます。

沖から旧江戸川の河口エリアへと航行する場合は、東京ディズニーシーのテーマパー

クにある山を目標にしながら、三枚州を大きく迂回して近づいていきます。江戸川の河口方面をまっすぐ目指すと、三枚州の浅瀬の餌食となってしまうので注意しましょう。

一方、荒川の河口エリアは比較的広く水深が深いので、出入りするにあたってあまり注意することはありません。若洲の先端をかわすまでは千葉側に曲がらないということだけ守ってください。あとは若洲側の護岸から離れないようにして、荒川の橋に向かえばよいでしょう。

東京港沖灯浮標は十分離れて迂回すべし！

東京港西航路から羽田沖

（上）東京港のシンボル、「東京灯標」。ここで行われている海象観測データは1時間ごとに更新され、ホームページ上で見ることができます
（左）東京港西航路沖合に浮かぶ「東京港沖灯浮標」

東京港（正確には京浜港東京区）のシンボルである東京灯標の沖合には、東京港西航路の出入りにおいて危険を回避するためのブイ（東京港沖灯浮標）が設置されています。羽田空港の拡張工事にともない、安全に本船が通れる場所が少なくなったため、このような措置がとられました。

東京港に出入りする本船は、このブイを中心として反時計回りで航行することが義務づけられています。このため、ブイの周辺には多くの船舶が集中します。このエリアを航行する場合は、他船と微妙な位置関係にならないように十分離れて迂回しましょう。また、荒川や江戸川の河口から南下する場合、風の塔を

まっすぐ目指すとこのブイに接近するということも覚えておきましょう。

これまで東京灯標に設置されていたレーダービーコンは、東京港沖灯浮標の設置にともなって、こちらに移設されました。レーダーを搭

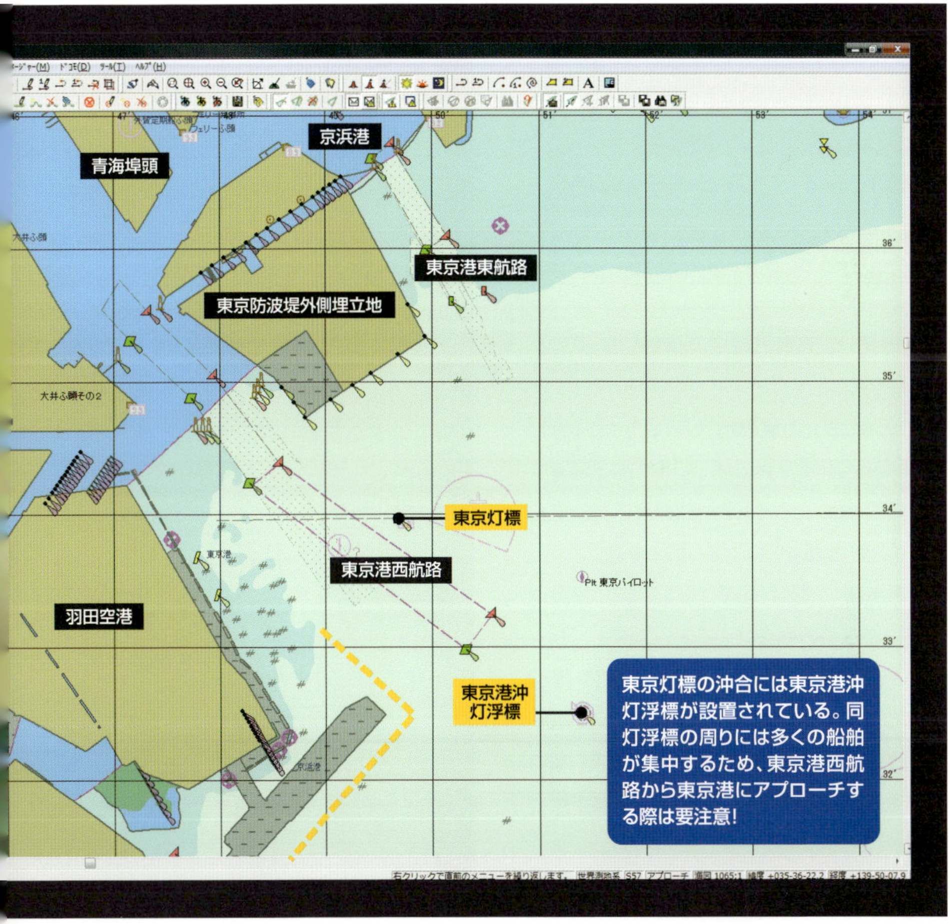

載しているボートは、位置がこれまでと違うので注意してください。

このブイの西側、羽田沖は拡張工事区域を示す黄色いブイが大きく張り出しているので、近づいてはいけません。また、風の塔手前には錨泊する本船が多いので、航行中の本船を錨泊中と間違えないようにしましょう。詳細は「東京海上保安部海の安全情報」(http://www6.kaiho.mlit.go.jp/tokyo/)を確認してください。

東水路を航行する際は、ルールを守ること

風の塔から中ノ瀬航路

東京湾アクアラインの「海ほたるPA」。「風の塔」と海ほたるPAとの間は航路になっていて、本船はすべてこの間を航行します

風の塔は、湾奥の著名な建物。ヨットのセールを模したデザインで、遠くからでもよく目立つ、航法上の重要物標といえるでしょう。

風の塔と川崎浮島の間と、風の塔と海ほたるの間には、それぞれ西水路（東京湾アクアライン西水路）と東水路（東京湾アクアライン東水路）が設けられています。このうち東水路には三つの中央ブイがあり、北航して東京湾アクアライン線（東京湾アクアライン浮島側と木更津側を結んだ線）を横断する大型船舶は、中央ブイよりも海ほたる側を、南航する大型船舶はブイよりも風の塔側を航行するよう定められています。ちなみに、東京国際空港の拡張工事にともなって、中ノ瀬航路およびその東側海域から北航して東京湾アクアライン線を横断する総トン数500トン以上の船舶、およびそれ以外の海域から東京湾アクアライン線を横断する総トン数10,000トン以上の船舶は、東水路を航行することが義務づけられました。プレジャーボートで東水路を航行するときは、航路のルール（右側通行）を守って航行しましょう。

風の塔の北側や西側には、数多くの本船が停泊しています。また、京浜運河に入る川崎航路には、頻繁に本船が出入りしている

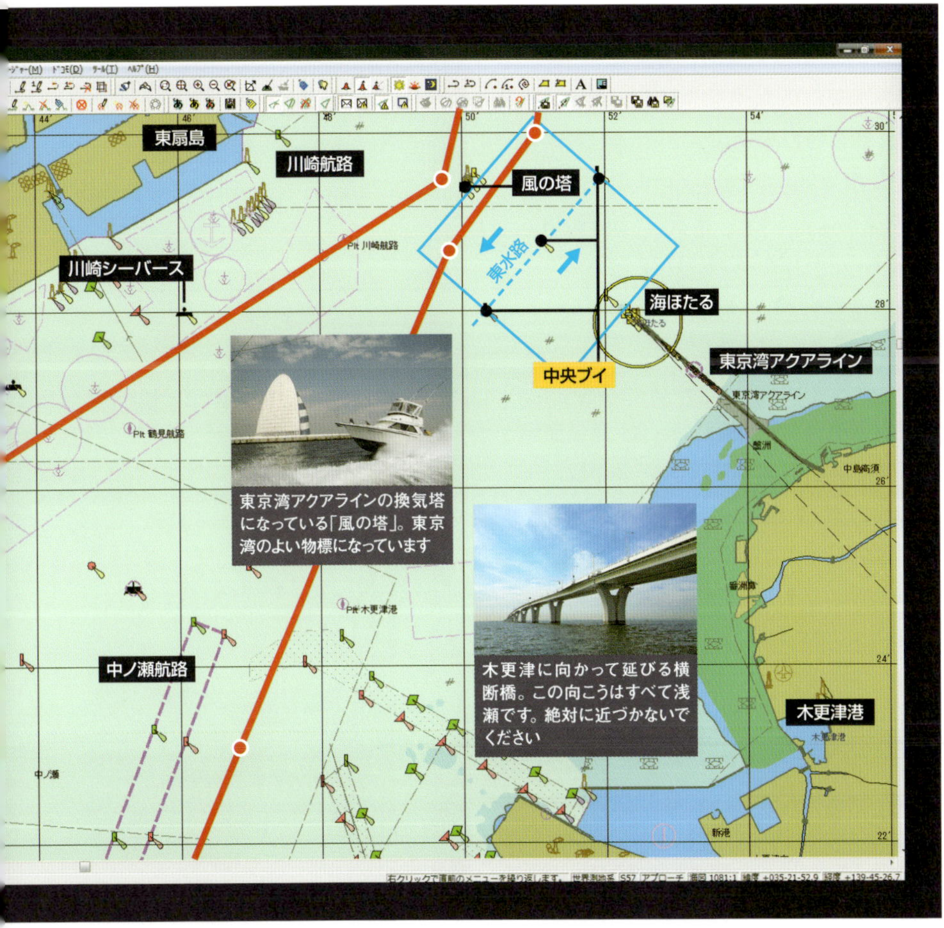

東京湾アクアラインの換気塔になっている「風の塔」。東京湾のよい物標になっています

木更津に向かって延びる横断橋。この向こうはすべて浅瀬です。絶対に近づかないでください

ので注意が必要です。

　風の塔周辺から横浜方面に向かう場合は、針路を右に取って東扇島、扇島に沿って走ります。ただし、あまり岸寄りを航行すると川崎シーバース、横浜シーバースなどに近づいてしまうので注意してください。また、風の塔から第一海堡に向かう場合はそのままの針路で進むことになりますが、本船の常用コースに逆らって斜めに横切ることになるので、他船の動きには特に警戒が必要となります。

航路の存在をはっきり認識しよう

中ノ瀬航路、浦賀水道航路

東京湾には、浦賀水道航路と中ノ瀬航路という2つの航路が設定されています。

浦賀水道航路は、久里浜沖あたりから始まって、観音埼のあたりで大きく西側に折れ曲がり、横須賀沖まで続いています。ここには、東京湾に入る船舶、東京湾を出る船舶それぞれに、一方通行の航路がブイを挟んで2本並んで設定されていて、大小の船がひっきりなしに行き交っています。

こうしたエリアでの安全を確保するために、浦賀水道航路や中ノ瀬航路には、海上交通安全法に定められた特別なルールが設定されています。大型船の場合、吃水の関係で他船を避けようと思っても、その航路内しか走れません。そこで海上交通安全法に定められたエリアにおいては、針路の向きや速度などが細かく制限されているのです。

プレジャーボートの場合、まずは航路に入り込まないように注意するのが基本となります。もし航路を横切るような場合は、それぞれの航路に定められているルールに従って航行してください。

航路へ入り込まないようにするには、航路の存在を漫然とでなくはっきりと認識し、常に自船の位置をつかんでおく必要があります。特に危ないのは、風の塔から第一海堡へ向かうときに中ノ瀬航路へ入り込んでしまうケースと、観音埼から湾奥に進むときに、ベイ

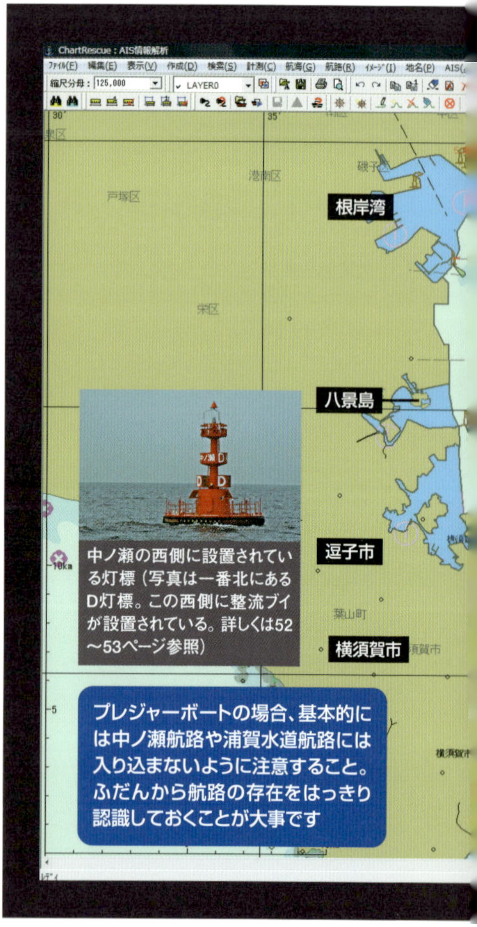

中ノ瀬の西側に設置されている灯標（写真は一番北にあるD灯標。この西側に整流ブイが設置されている。詳しくは52～53ページ参照）

プレジャーボートの場合、基本的には中ノ瀬航路や浦賀水道航路には入り込まないように注意すること。ふだんから航路の存在をはっきり認識しておくことが大事です

ブリッジのほうに向かってしまって浦賀水道航路に入り込んでしまうケースです。いずれも航路を逆方向に航行することになってしまうので、たえず自艇の位置を認識し、十分に航路から離れて航行するよう心掛けましょう。

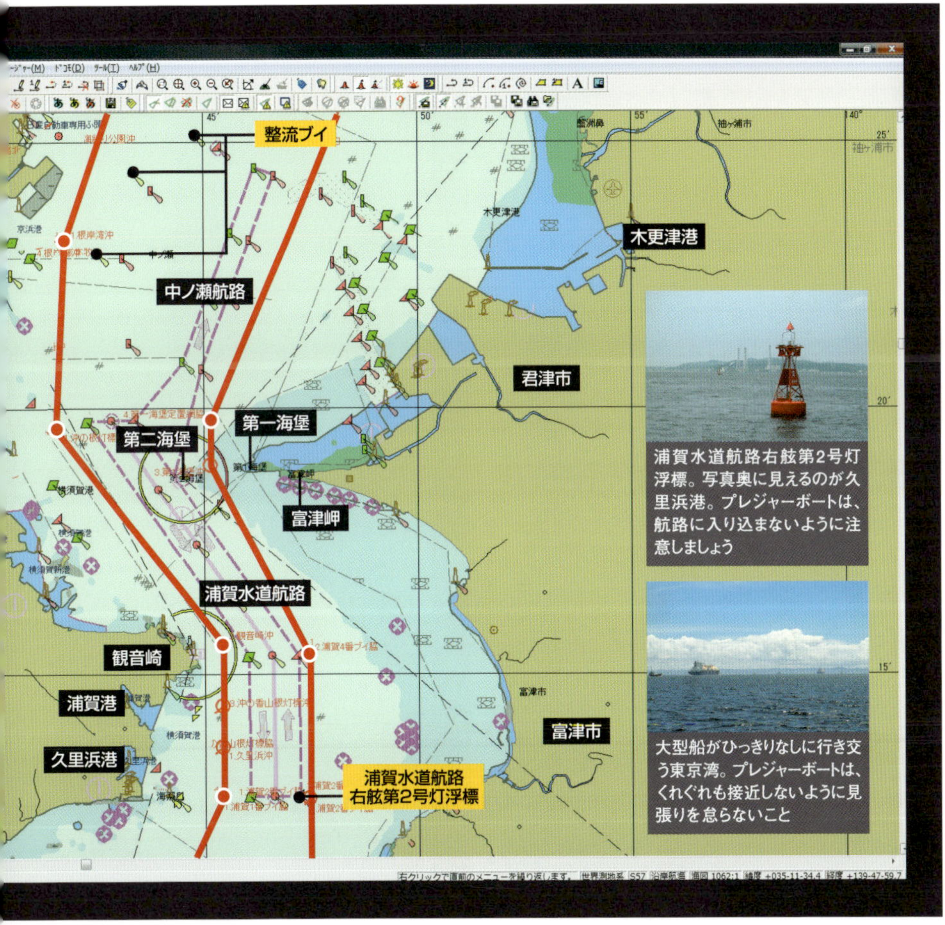

浦賀水道航路右舷第2号灯浮標。写真奥に見えるのが久里浜港。プレジャーボートは、航路に入り込まないように注意しましょう

大型船がひっきりなしに行き交う東京湾。プレジャーボートは、くれぐれも接近しないように見張りを怠らないこと

また、中ノ瀬航路には半径2マイルほどのエリアに、数多くのブイや立標が設置されています。視界のよいときはまだしも、見通しが悪いときや夜間など、それらがどの航路のブイか、区別できるでしょうか？ もしGPSプロッターがなかったら、正直なところ私にも自信がありません。プレジャーボートのなかには、自分がどこにいるのかわからないうちに航路に入り込んで検挙された、というケースも少なくありません。十分、注意してください。

第一海堡を大きく迂回するのが正解！

富津岬、第一海堡、第二海堡

第一海堡周辺の北側のエリアには、季節によって広く定置網が設置されるため、湾奥側から第一海堡をぎりぎりにかわすあたりに針路を取ると、網に引っ掛かってしまいます。ブイとブイの間隔が空いているため、網の位置を確認しにくいのがこのエリアの特徴となっていて、特に海ほたる方面から第一海堡に向かうときが危険です。かならず、第二海堡側に向けて大きく迂回してから、湾口のほうへ向かってください。

また、第一海堡と第二海堡、そして第一海堡と富津岬の展望台は、遠方から見ると間違えやすいため、第一海堡と第二海堡の間を目指しているつもりが、第一海堡と富津岬の浅瀬に向かって突き進んでしまうことがあります。特に、湾口側から第二海堡へと近づくときが要注意。浦賀水道航路に沿って北上すると真正面に富津岬の展望台が見えてきますが、第二海堡は横浜方向の背景に溶け込んでしまうため、視認しにくいのです。

第一海堡周辺、特に第一海堡と竹岡を結んだ線の東側にはのり網や定置網がたくさん張ってあります。第二海堡と第一海堡の間を通過したら、これらの障害物に注意しながらまっすぐ浦賀水道航路右舷第4号灯浮標を目指しましょう。また、このエリアは可航域が狭いので、航路に侵入しないように自艇の位置をこまめに確認しておかなければなりません。一方、第二海堡の北側、南側、西側は、いずれも航路エリアとなるので、不用意な航路への立ち入りや航路内での逆走には、くれぐれも注意してください。ちなみに、第三海堡の撤去工事完了にとも

ChartRescue : AIS情報解析
第二海堡
浦賀水道航路
第一海堡と千葉側の竹岡を結んだ線の東側は、のり網や定置網がたくさんあるので要注意！

浦賀水道航路脇にある第二海堡。レーダービーコンが設置されています

富津岬展望台から第一海堡を臨む。白波が立っているところが浅い場所

富津岬沖合に浮かぶ第一海堡。季節によって北側に大きな定置網が入ります。南側ものり網が広がるので接近は禁物

ない、平成20年1月1日、第二海堡と第三海堡の間に設定されていた浦賀水道航路の横断等制限区間が廃止されました。これによって、新たに灯浮標が設置され、従来の灯浮標の名称や位置も一部変更しているので、新しい航行ルールについて正しく理解しておくことが重要です（東京湾海上交通センター東京湾の航行ガイド／http://www6.kaiho.mlit.go.jp/tokyowan/others/tokyo_guide/baylaw.htm）。

見えにくい大きな定置網に注意しよう

金谷沖から保田沖、浮島周辺

浦賀水道航路の入り口にある右舷第2号灯浮標から富浦にかけては、特に目標となるものもなく右斜めに外洋が開けています。途中、久里浜と金谷を結ぶ東京湾フェリーがかなりのスピードで行き来しているので、微妙な位置関係とならないように注意しましょう。

金谷を過ぎて明鐘岬沖にさしかかると、その前には大きな定置網があるので見張りは欠かせません。浦賀水道航路を過ぎてさらに南下する場合は、陸に寄り過ぎないように洲埼先端を目指して、やや沖出しして進みます。感覚的には浦賀水道航路右舷第2号灯浮標ギリギリに寄って、そのまままっすぐ180度の針路で南下するというコースがよいでしょう。

この明鐘岬沖にある定置網は非常に大きくて見にくいので、陸に近づくのは危険です。特に海の駅になっている保田漁港へ向かうときは、網の位置に注意してください。

保田漁港にアプローチする場合は、浦賀水道航路右舷第2号灯浮標付近からまっすぐに南下し、明鐘岬が左舷真横を通り過ぎてから左に転舵してください。逆に保田漁港からの出港時は、十分に沖出ししてから明鐘岬方面に向かいましょう。保田漁港に入港するときは、港のすぐ目の前に大きな定置網があるので、特に注意が必要です。

保田沖を南下していくと、航行上の物標となる浮島が見えてきますが、浮島から勝山港

東海汽船のジェットフォイル〈セブンアイランド〉。この船も、非常に高速なので要注意

明鐘岬沖や保田漁港前、浮島から勝山にかけては大きな定置網やイケスがあるので見張りが欠かせません。湾奥から館山方面に向かう場合は、浦賀水道航路右舷第2号灯浮標脇からまっすぐに南下しましょう

にかけての岸寄りのエリアには、イケスや定置網があちらこちらに設置されているので注意が必要です。また、浮島から富浦方面にかけての岸寄りの海域には多くの暗岩が存在するので、特別な目的がない限りは、でき

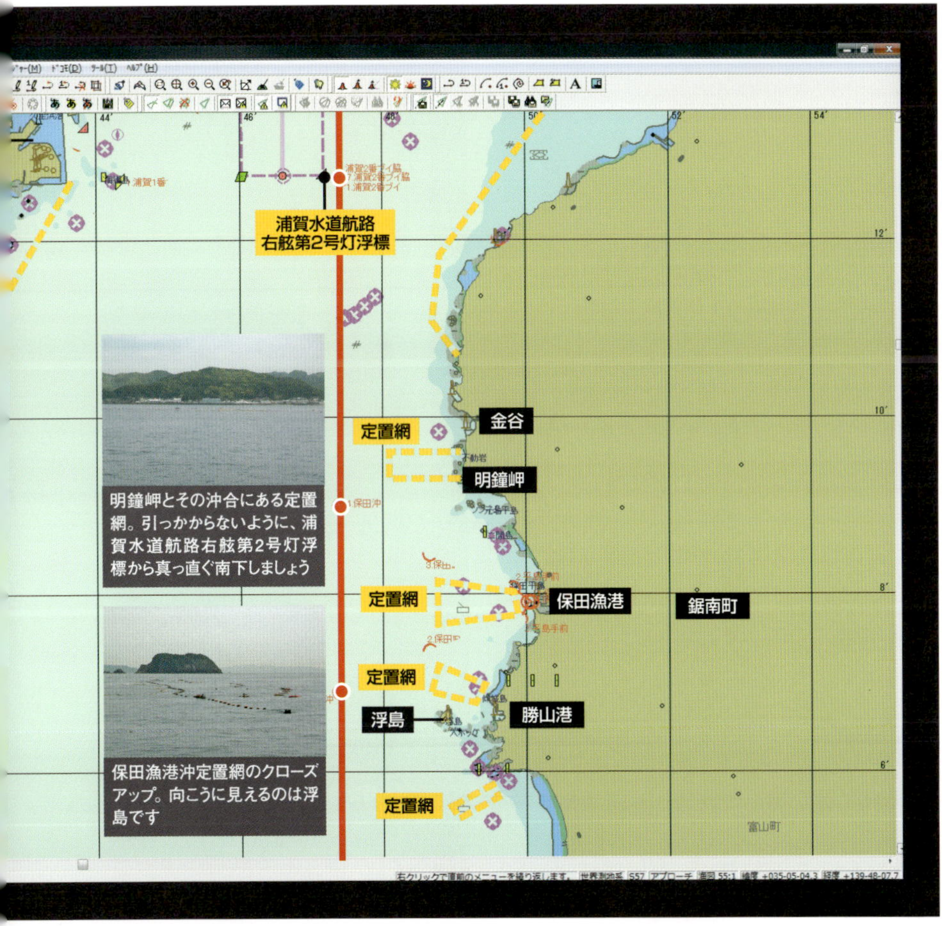

明鐘岬とその沖合にある定置網。引っかからないように、浦賀水道航路右舷第2号灯浮標から真っ直ぐ南下しましょう

保田漁港沖定置網のクローズアップ。向こうに見えるのは浮島です

るだけ近づかないほうがいいでしょう。

湾奥から館山方面に向かう場合は、浮島周辺に近づくことのないよう注意しながら、浦賀水道航路右舷第2号灯浮標脇からまっすぐに南下します。同様に保田漁港から館山方面に向かう場合も、十分沖出ししてから南に針路を転じましょう。

ちなみに浮島は個人所有の島なので、立ち寄る場合は事前の手続きが必要です。無断で上陸しないようにしてくださいね。

陸寄りは暗岩があるので避けるのが鉄則

富浦湾、大房岬、館山周辺

富浦の大房岬。富浦漁港に入港する際は、この岬にタッチするくらい近づきます

岩井海岸の南側に位置する南無谷埼から富浦までの間には暗岩が沢山あるので、陸寄りのコースを取るのは危険です。このエリアを走る場合は、明鐘岬沖と富浦沖灯浮標（西方位標識）を結ぶ線の陸側には絶対に近づかないでください。航行中は、富浦沖灯浮標の位置を常に把握しておくことが重要です。

富浦港（新港・旧港）はプレジャーボートの寄港地として知られていますが、富浦沖灯浮標から港の間には浅瀬や養殖イケスが数多く設置されています。大房岬を真横に見るまでボートを進めてから直角に近い角度で変針し、大房岬先端寄りのコースを取って港にアプローチしましょう。また、大房岬先端の北側水域には、養殖イケスが並んでいるので、入港にあたっては見張りが欠かせません。

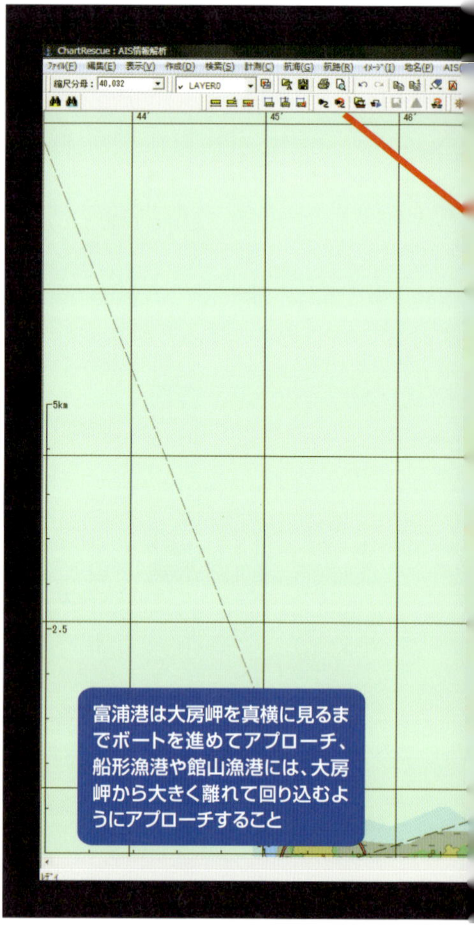

大房岬をさらに南下して、館山港、船形漁港などの館山湾奥エリアに向かう場合は、大房岬寄りの水域に近づきすぎると危険です。できるだけ沖を走り、館山湾の中央部を航行して港にアプローチしましょう。特に船形漁港を目指す場合、ついつい岸

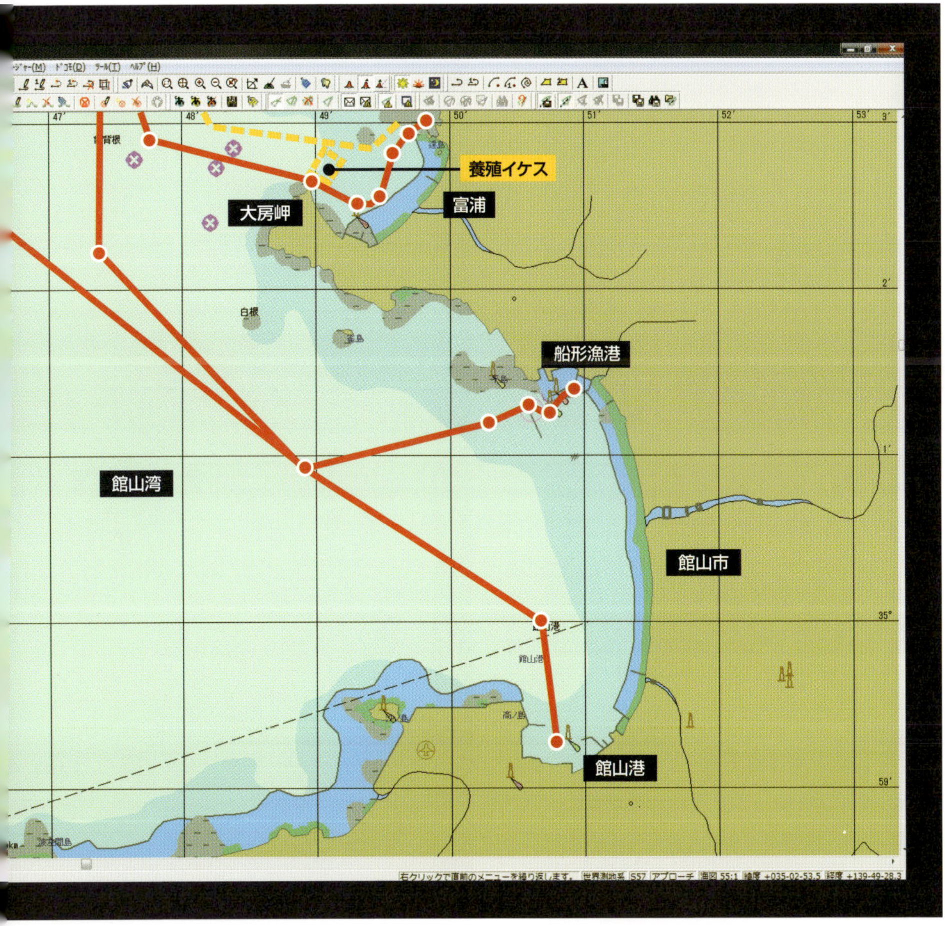

寄りのコースを取ってしまうことが多いので注意してください。館山港に入港する場合は、その手前にイケスが浮いていますので見張りは厳重に。

館山港から洲崎にかけての陸寄りには、定置網があったり浅瀬があったりしますから、接近は禁物です。その先、洲崎をかわして外洋に向かう場合も、洲崎周辺は海底が浅くて嫌な波が立ちますので、大きく迂回するようにしてください。

入港針路を見極めてアプローチしよう
剱埼、三崎港周辺

三崎港手前沖合にある定置網。非常に見にくく、陸側に寄るのは禁物

剱埼沖から三崎方面を臨む。城ヶ島と城ヶ島大橋が目印です

三崎港に入港する場合、西航路と東航路のいずれかを使ってアプローチすることができます。外洋から港を目指す場合、どちらのコースを取るかであまり神経質になる必要はありません。ただし、いずれの場合もアプローチの両サイドに暗岩や網などがあるので、小型船港湾案内にある入港針路に従って航行しましょう。

特に注意しなくてはならないのが、剱埼方向から東航路に入るときです。剱埼から

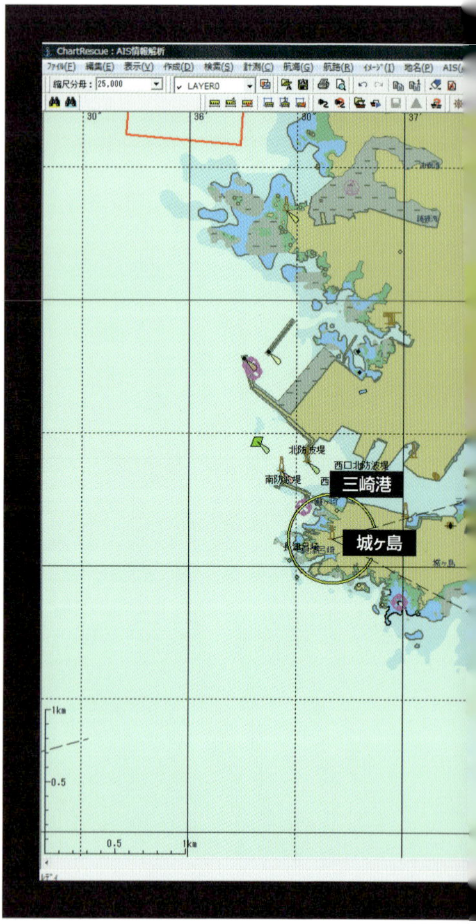

三崎港に行く途中には、暗礁や浅瀬があり、その沖合に大きな定置網が設置されています。過去には、ここで沈没事故も起きました。付近を航行する場合は、かならず剱埼を大きくかわして沖出しし、推奨されて

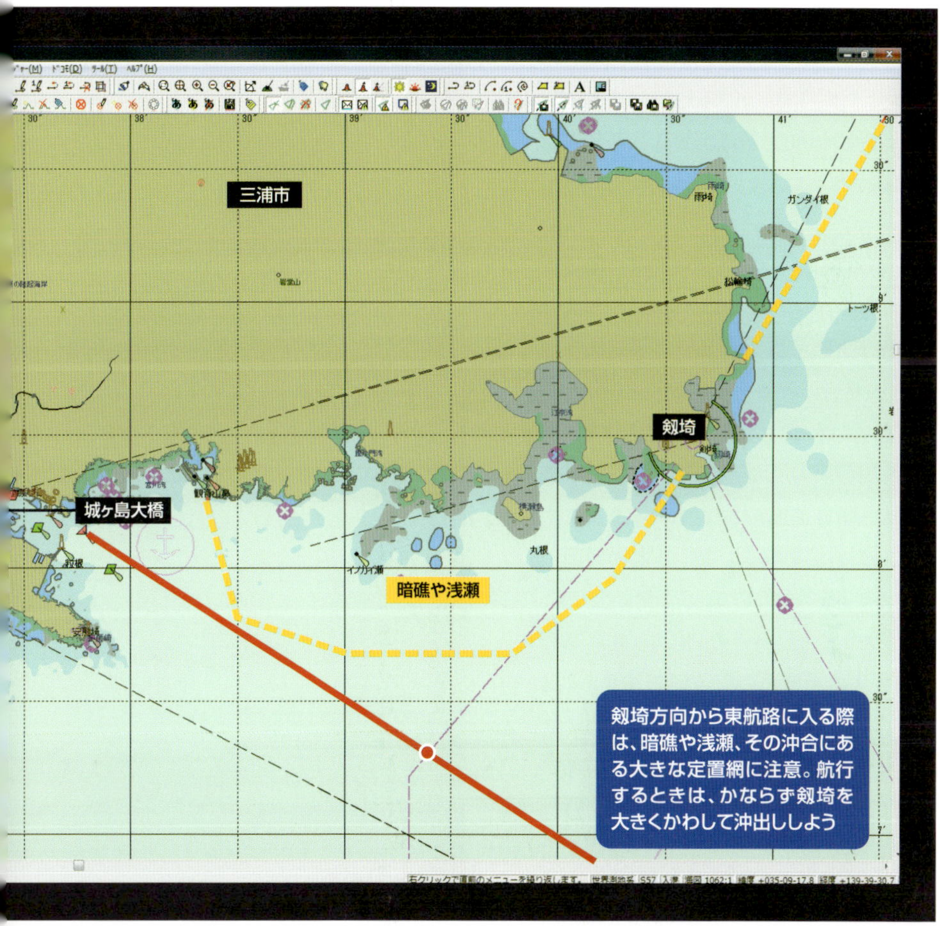

いる針路で進みましょう。また、剱埼周辺の海域も、岸に寄りすぎると暗岩や返し波に翻弄されるので、沖側を航行しなければなりません。

この剱埼の南東方向には、海老根、吉野瀬といった海底の隆起が続き、絶好の釣り場となっています。このため常に遊漁船がひしめき合って固まっています。見張りをおこたらず、大きく迂回するようにしてください。

広く見えるが走れるところは狭い

三浦海岸沖の金田湾、観音埼沖

剱埼から久里浜にかけて長い砂浜が続く海域が、三浦海岸を擁する金田湾です。このエリアは、ボートで訪れてみたくなる人も多いと思います。しかし、この金田湾の周辺には、定置網が数多く設置されています。プレジャーボートでこの付近を航行するときには、剱埼と久里浜沖のアシカ島を結んだ線の西側には入り込まないようにしなければなりません。

久里浜沖に位置するアシカ島周辺の水域と、その北側に位置する浦賀水道航路と観音埼の狭い水域は、東京湾を航行するにあたっての難所のひとつとなっています。特に剱埼沖から観音埼をかわすポイントに向けてダイレクトに針路を取ると、アシカ島の周囲の暗岩に接近してしまうので、注意が必要です。

アシカ島と久里浜港の間には、東京電力横須賀火力発電所の防波堤が沖合まで延びています。この防波堤とアシカ島の間には500メートルほど可航幅がありますが、本船が衝突して沈んだこともある危険な海域。付近を航行するときは、防波堤と島の間を避けて、大きく迂回する習慣をつけましょう。ちなみに、この防波堤は高さが低く、満潮時や荒天時は視認しにくくなるので注意が必要です。

剱埼方面と観音埼の間を航行する場合は、浦賀水道航路左舷第1号灯浮標と笠島沖灯浮標(東方位標識)の中間をねらって針路を取るのが正解です。GPSプロッターを使用する際は、かならずここにウェイポイントを設定し、危険な水域に近づかないように。笠島沖灯浮標を認識するのが絶対条件です。

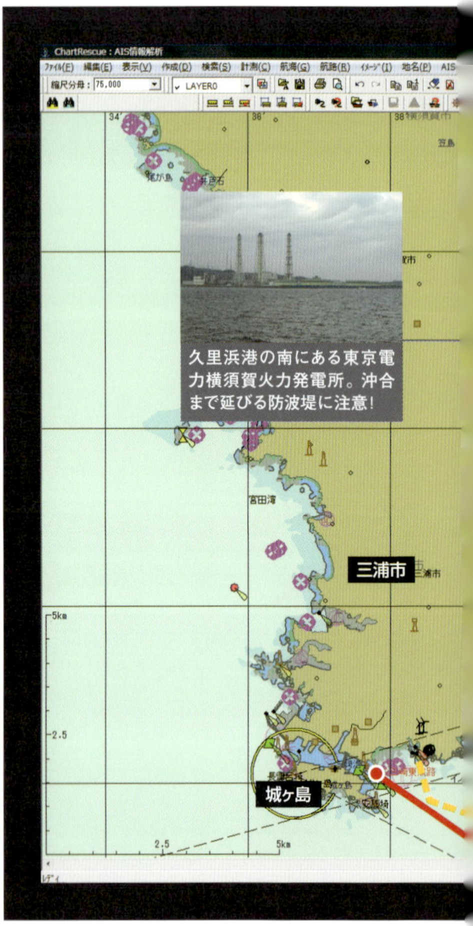

久里浜港の南にある東京電力横須賀火力発電所。沖合まで延びる防波堤に注意!

観音埼周辺の海域は、観音埼と浦賀水道航路の間が狭く、しかも陸寄りに暗礁がひ

浦賀港
久里浜港
浦賀水道航路
防波堤
アシカ島
笠島
笠島沖灯浮標
浦賀水道航路
左舷第1号灯浮標
金田湾
剱埼
アシカ島と笠島。周りは暗岩だらけですから近寄らないようにしましょう
笠島沖灯浮標。このブイの東側を通ります
剱埼とアシカ島を結んだ線の西側は、多数の定置網が設置されているので入り込まないこと。剱埼と観音埼の間を航行する場合は、浦賀水道航路左舷第1号灯浮標と笠島沖灯浮標の中間をねらって針路を取りましょう

しめいています。第三海堡の撤去工事が完了して多少広くなりましたが、航行の支障となる障害物が多いことに変わりありません。

コース幅も1マイルないところが多いので、不用意に航路内に立ち入ったり航路を逆走することがないよう、船位の確認は念入りに行います。笠島沖灯浮標から観音埼と浦賀水道航路左舷第3号灯浮標の中間あたりを通過するように針路を取りながら、慎重に操船していきましょう。

猿島周辺は暗礁や浅瀬のオンパレード
観音埼から猿島周辺

観音埼から横浜方面に向かう場合、観音埼を越えて大きく左に転舵したら、横浜市金沢区にある高層ビルの方向に針路を取ります。ともすると、はるか遠くに見える横浜ランドマークタワーの方向に吸い寄せられてしまうので要注意。この向きだと、途中、浦賀水道航路に迷い込んでしまうことになるからです。

一方、浦賀水道航路の存在を気にしすぎて左へ左へと逃げると、今度は横須賀沖にある猿島周辺の暗礁地帯に踏み込んでしまうことにもなりかねません。ここから湾奥に向かうときは、八景島沖にある沖ノ根灯浮標へ向けて針路を取りますが、観音埼からは5マイル以上の距離があるので、直接、灯標を視認することは不可能です。

このエリアを航行する場合は、灯標の位置にウェイポイントを設定し、観音埼をかわしたら、このウェイポイントに向けてまっすぐ走りましょう。決して右や左にふらふらしてはいけません。航路に侵入したり、逆走してしまうと大変ですよ。このエリアを航行するときは常に航路エリアを意識し、一定の距離を保つようにしてください。

なお、第三海堡の撤去工事が完了し、浦賀水道航路を通る大型船の安全性が大きく向上しました。これによって進入制限区域がなくなったのは、プレジャーボートにとっても大きな福音といえるでしょう。

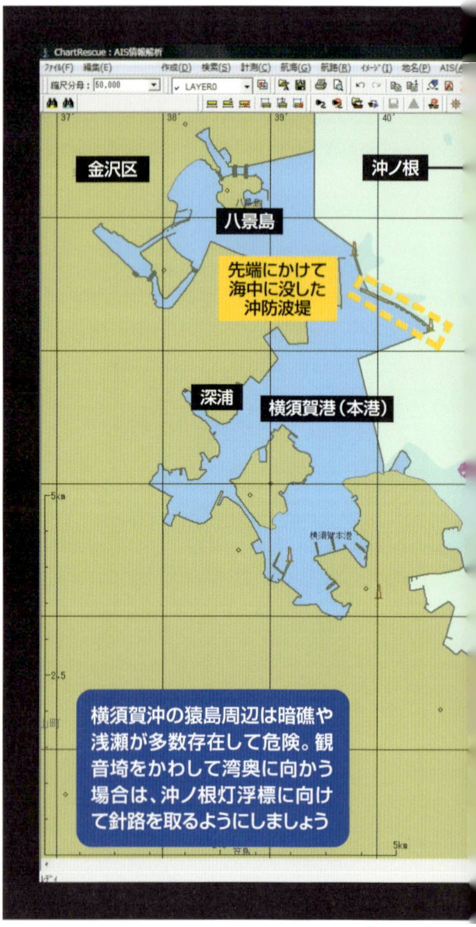
ChartRescue : AIS情報解析
金沢区
沖ノ根
八景島
先端にかけて
海中に没した
沖防波堤
深浦
横須賀港（本港）
横須賀沖の猿島周辺は暗礁や浅瀬が多数存在して危険。観音埼をかわして湾奥に向かう場合は、沖ノ根灯浮標に向けて針路を取るようにしましょう

猿島周辺の海域は、暗礁や浅瀬のオンパレード。よほどのことがない限り近づかないほうが賢明です。このあたりの底質は岩が多いので、ボートが海底に接触するとすぐに船底を傷めてしまいます。また、不用意にアンカー

中ノ瀬航路
第二海堡
第一海堡
富津岬
浦賀水道航路
猿島周りは東京湾でも難所のひとつ。周りは浅瀬だらけですから接近しないように
猿島
暗礁、浅瀬だらけ
浅瀬・網多い
釣り船
暗岩多し
観音埼
観音埼周辺は航路が迫り、可航幅が狭いので注意が必要です

を落とすと、根掛かりしてアンカーが上がらなくなることも多いので注意してください。

横須賀港の沖には、浸食が進んで崩れそうになっている防波堤があります。横浜方面から横須賀港やその奥の深浦などに向かう場合、この防波堤を避ける必要がありますが、堤防の高さが低いため、夜はもちろん、潮や波の状況によっては日中でも見えにくいことがあります。夜間にこのエリアを通る場合は、細心の注意が必要です。

ウェイポイントを設定して迷走しないこと

八景島沖から本牧沖

住友重機械工業横須賀製造所のガントリークレーン。よい目印になります

八景島シーパラダイス。海から訪れるのも楽しみです

八景島シーパラダイス沖から横浜ベイサイドマリーナ手前までの海域には、多くの網が設置されています。このエリアを航行するときは、岸に寄りすぎないよう注意しましょう。沖ノ根灯浮標と根岸沖の蛸根灯標（横浜蛸根海洋観測灯標）を結んだ線の西側には、入り込まないようにしなければなりません。

また、八景島シーパラダイスの目の前にも多くの網が入っています。ボートが通れるコ

ースは狭いので、注意が必要ですね。

この付近、特に湾奥方向に進むときは、浦賀水道航路左舷第7号灯浮標を越えてまっすぐに湾奥に向けると、中ノ瀬を避けて行き交う本船の航行エリアに入り込んでしま

八景島シーパラダイスを過ぎ、横須賀港の手前にある海中に没した防波堤

います。プレジャーボートは、大きく本牧方面に迂回して航行するようにしましょう。これを怠ると、次々に向かってくる本船と正面から行き会う可能性が高くなります。実際、プレジャーボートと本船の衝突事故も起こっているので、見張りは欠かせません。本船の常用コースを十分離して航行するようにしてください。なお、この根岸湾沖から本牧沖にかけてはいつも嫌な波が立っています。注意して航行しましょう。

視認しにくい防波堤に気をつけること

横浜港と京浜運河入口

横浜港のシンボル、横浜ベイブリッジ。このブリッジ下の防波堤は大変見えにくいので注意してください。死亡事故も起きています

横浜港（京浜港横浜区）は、本船の出入りが激しい商業港です。このため横浜港の出入りや航路沖の横断にあたっては、行き交う本船と微妙な関係にならないよう注意しなければなりません。

また、防波堤の位置を確認しておくことも非常に重要です。昼間は問題ないのですが、夜間になると視認しにくい防波堤があるからです。

そのひとつが横浜ベイブリッジ下にある防波堤です。港内に向かっていくと、橋脚の手前、本牧側（左側）の位置に防波堤が伸びています。この防波堤には途中に切れ目があって、その間を通過することもできます。ただし防波堤の背が低いので、夜間だと視認できず防波堤に衝突するケースも少なくありません。

さらに、横浜ベイブリッジ側からみなとみらい地区に向かって左手（山下埠頭側）にある防波堤も、夜間の航行時には注意を要します。防波堤の途中には切れ目があって、プレ

ジャーボートの通行も可能ですが、夜間は横浜の夜景に溶け込み、堤防の先端にある灯台の灯標が見えません。特によこはま・しんやました海の駅（タイクーン）のほうから回り込んで、港内に向かうときが要注意。防波堤の

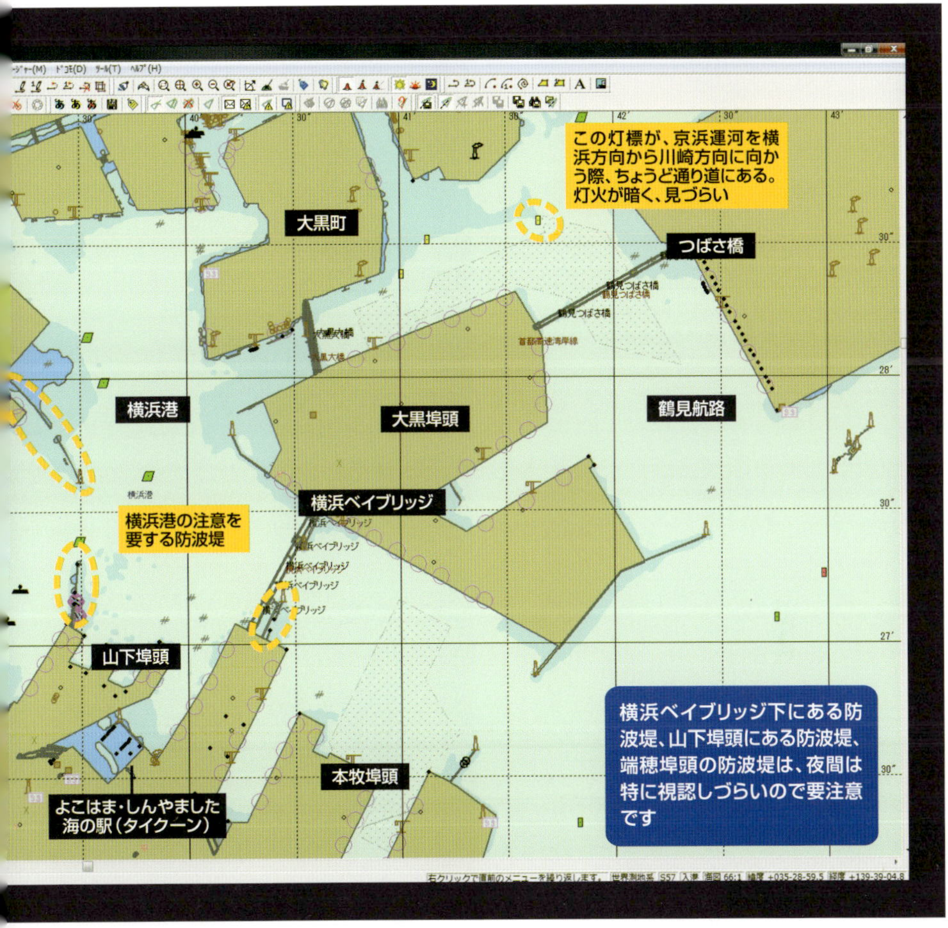

この灯標が、京浜運河を横浜方向から川崎方向に向かう際、ちょうど通り道にある。灯火が暗く、見づらい
大黒町
つばさ橋
横浜港
大黒埠頭
鶴見航路
横浜ベイブリッジ
横浜港の注意を要する防波堤
山下埠頭
横浜ベイブリッジ下にある防波堤、山下埠頭にある防波堤、端穂埠頭の防波堤は、夜間は特に視認しづらいので要注意です
本牧埠頭
よこはま・しんやました海の駅（タイクーン）

途切れたところを堤防の先端と間違えて、沖側の堤防に衝突するケースが少なくないのです。夜間にここを航行する場合は、防波堤と防波堤の間を通り抜けるのではなく、防波堤の外側をかわすように心掛けてください。

一方、京浜運河入口、鶴見航路の終点には、ちょうど東京方面に向かうコース上に灯標があります。この灯標も、夜間になると視認しにくいので注意してください。過去には衝突事故が発生しています。

新滑走路拡張工事区域の黄色いブイに注意!

多摩川河口と羽田沖周辺

ひっきりなしに飛行機が離着陸している羽田空港。ボートの上から間近に見るそれは、また大迫力です

新滑走路の拡張工事にともない、その周りには、現在、工事区域を示す黄色いブイが設置されています

ChartRescue : AIS情報解析
海老取川
多摩川
多摩運河
羽田空港の拡張工事にともない、周辺は広く工事区域が設けられています。チャートの黄色の点線内には入り込まないこと

東京湾に通じる河川のなかでも、もっともむずかしい部類に入るのが多摩川です。この川の河口エリアには浅瀬が広がっており、ビジターが不用意に近づくのは非常に危険です。必要がなければ、不用意に入り込まないでください。筆者も座礁して苦しんだ記憶があります。

現在は、羽田空港の拡張工事が行われている影響で、羽田周辺の海域には広く工事区域が設けられるようになりました。航行中、工事区域を示す黄色いブイや警戒船を視認したら、近づかないようにしてください。特に横浜方面から湾奥に向かうときは、風の塔寄りのコースを航行するように心掛けま

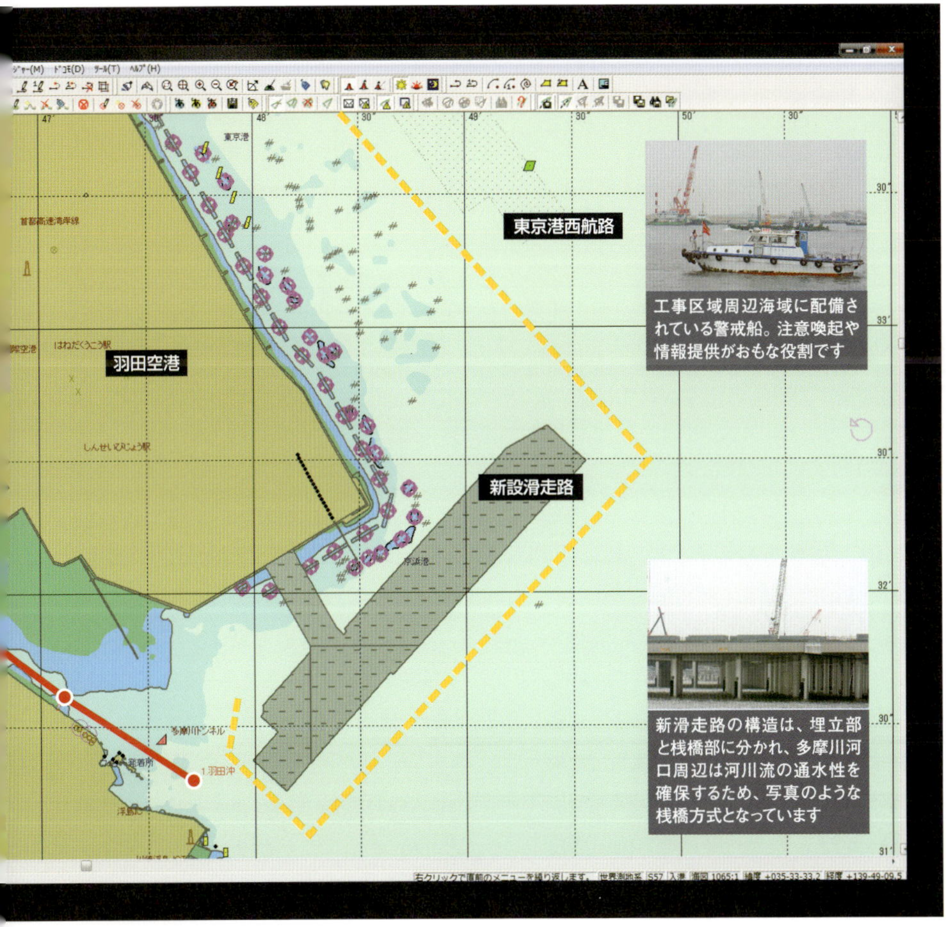

工事区域周辺海域に配備されている警戒船。注意喚起や情報提供がおもな役割です

新滑走路の構造は、埋立部と桟橋部に分かれ、多摩川河口周辺は河川流の通水性を確保するため、写真のような桟橋方式となっています

しょう。

また、この工事の影響で、東京港に出入りする本船は、風の塔と海ほたるの間を航行するようになりました。プレジャーボートにとっては、風の塔と浮島の間が走りやすくて助かります。ただこの水域には停泊している本船が多いので、コース取りには注意が必要です。ときとして、川崎航路に出入りする航行中の本船を停泊中と取り違え、ヒヤッとすることがありますので、気をつけてください。

地形の影響による波を考慮しておく

南房総、洲埼周辺エリア

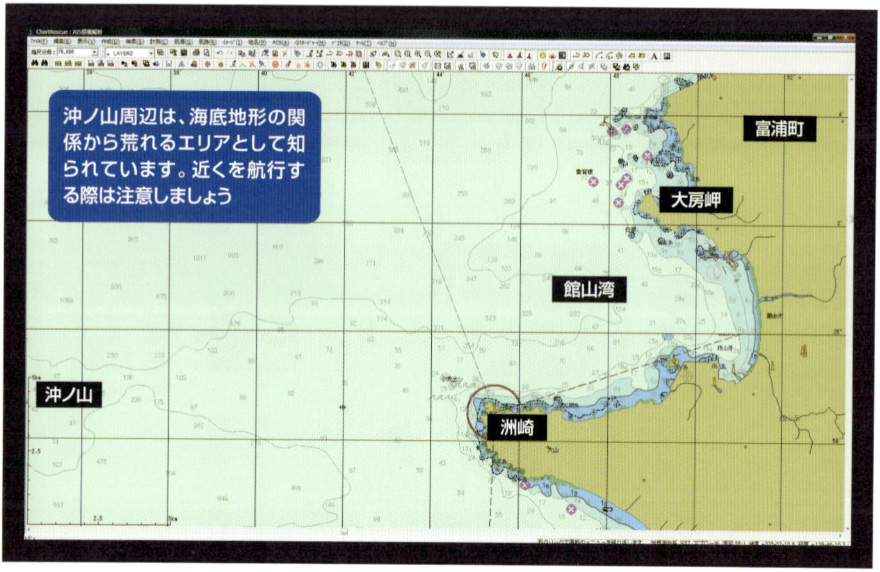
沖ノ山周辺は、海底地形の関係から荒れるエリアとして知られています。近くを航行する際は注意しましょう
富浦町
大房岬
館山湾
沖ノ山
洲崎

房総半島南端に位置する洲埼は、陸地から延びる形で海底の隆起が続いています。このため、洲埼先端付近は浅瀬や暗岩が多く、さらにその地形から、岸近くの海域では常に嫌な波が立っているので注意が必要です。

洲埼をかわし、布良や野島埼方面に房総半島沿いを南東進する場合は、陸から十分に離れて航行してください。また、館山港から出港して大島方面に針路を取るときにも、小回りして洲埼をかわすのは危険です。

洲埼から海へと続く地形の延長線上には、沖ノ山と呼ばれる海底の大きな隆起があります。沖ノ山はちょうど東京湾口の前に位置していて、この周辺の海域は荒れるエリアとして知られています。海底地形図などで確認すると、房総半島の先端はそのまままっすぐ西方向に延びる形で隆起しています。沖ノ山はこの延長線上と三浦半島の沖合を結ぶ位置にあり、ここでは1000メートル以上の深い海底が、一気に50メートルほどまで駆け上がっています。波立つのも当然ですね。

東京湾から大島方面に向かうときには、少し走るコースを変えると波の立ち方も違ってきます。その日の風向きによって、少し西に外して迂回するか、逆に沖ノ山と洲埼の中間を抜けるなど、工夫してみてください。

PART 3

東京湾を航行する際には、さまざまなルールに加え、定置網などの障害物も多数あり、かなり気を使います。また、安全で快適なコースというのも、おのずと決まってきます。それを一歩進めて、自分の「道」を作ってしまいましょう。クルージングがとっても楽になりますよ。ここでは筆者がよく使うおすすめのコースをご紹介しましょう。

自分の「道」を作成する

GPSプロッターに入力しておこう

東京湾のおすすめコース例

プロパーコースの設定

これまで見てきたように、東京湾には特に注意を要する航行エリアがたくさんあります。いくら海の上は自由に走れるといっても、東京湾のように危険な水域や航路が入り乱れた海域では、プレジャーボートが取りうるコースは制限されてしまうのです。また、こうした船舶輻輳海域に限らずとも、定置網や暗岩を避けたり、より経済的なルートを航行しようとすると、考えられるコースはおのずと同じようなものになると思います。

これを一歩進めて、海に自分なりの「道」を作ってしまうと、安全性や経済性がさらに向上します。折にふれて最適なコースをGPSプロッターに設定しましょう。事前にコースを設定しておけば、ナビゲーションの手間は大幅に軽減されることになるはずです。

また、あらかじめ何通りかのコースを設定しておけば、あたかも道路が渋滞しているときに別の道を通るように、その日の海況などによって、最適なルートを選択することができます。特に天候が悪化して視界が制限されたり、夜間航行しなくてはならないとき、とても頼りになるのです。

ここでは、筆者が設定している東京湾内のコースについて、いくつか紹介していきましょう。

2コースから接近することが可能

東京港へのアプローチ

大都会、東京ベイエリアの眼前に広がる東京港。巨大なガントリークレーンが立ち並ぶコンテナ埠頭、お台場やレインボーブリッジ、竹芝や晴海の旅客船ターミナル、そのうしろに連なるビル群や東京タワー。東京湾のなかでも別格な風情があり、海沿いの風景はデートコースとしても人気があります。

この海域へは、東京港西航路、東京港東航路の2つからアプローチすることが可能です。これらの航路は浦賀水道航路や中ノ瀬航路と違って、海上交通安全法に定められたルールは適用されません。航路内を航行するにあたっては、右側通行と追い越しのルール、信号所の信号の表示などを守って安全に航行しましょう。ちなみに信号所は若洲と大井埠頭の突端にありますが、「×」の常時点灯表示になっていなければ大丈夫です。

東京港西航路の場合、航路の左右に十分なスペースがあり、そちらを航行することも可能。一方、東京港東航路については航路の脇を航行する余裕はありませんが、航路内を走らねばならないのは防波堤を越える一瞬だけなので、それほど不自由しません。

東京港は港として十分整備されているので、浅いところはありません。本船が通るエリアには、全域、十分な深さがあります。

関連ページ | 20～21ページ

貴重なクルージングスポット
横浜港へのアプローチ

「みなと横浜」と称される横浜港は、日本でも有数のウォーターフロントエリアです。大桟橋、山下公園、横浜ベイブリッジ、横浜ランドマークタワーなど、観光スポットには事欠きません。都会のプレジャーボートにとっても、貴重なクルージングスポットとなっています。

横浜港へのアプローチは、ベイブリッジの橋の下を通過する場合と、京浜運河を航行して大黒大橋の下を通過する場合の2通りがあります。湾奥方面からアプローチする場合は、京浜運河から入るほうが楽ですね。大黒大橋をくぐれば、目の前に横浜港が広がります。

横浜ベイブリッジ付近は、防波堤に注意。横浜港へのアプローチは、京浜運河を航行して大黒大橋の下を通るルートのほうが楽

一方、ベイブリッジ方向からアプローチするときも、横浜ランドマークタワーなどの顕著な物標がたくさんあるので、迷うことはありません。こちら側には横浜航路という航路が設置され

関連ページ | 40〜41ページ

港内から京浜運河入り口方面を見る。「横浜・さとうのふるさと」と書かれた白地に青色の倉庫が目立ちます。奥に見えるのが、大黒大橋です

ていて、左右にブイが並んでいます。本船の進路を妨害することなく、注意して航行してください。入り口には本牧信号所があり、出入港の交通整理をしているので確認しましょう。

山下公園の岸寄りは、下部に護岸の基礎が出ているので接近は禁物です。また、港内を航行する水上バスの行き来を妨害しないように注意し、〈氷川丸〉の桟橋周辺には近付かないようにしてください。もちろん港内では、アンカリングなどしてはいけません。

港内に入ると、ベイブリッジに向かって左側の橋脚の手前には背の低い防波堤があります。この防波堤が夜間視認しにくく、衝突事故も発生していますので要注意。またさらにその奥、横浜内港にある堤防も危険です。堤防が途中で切れていてその間は航行できますが、夜間は堤防の間と先端を取り違えての事故が多発しています。

横浜みなとみらい21には、ぷかりさん橋という公共桟橋があって、プレジャーボートの一時係留が可能となっています。利用にはさまざま条件があって予約も必要ですが、繁華街のど真ん中に着けることができるのは非常に魅力的。敷地内に建てられた2階のシーフードレストランでは、海を見ながら食事をすることもできます。また、この奥は中・小型艇にはご機嫌な泊地となっています。さらに、ベイブリッジを過ぎてすぐに左に曲がり、埠頭の奥に進めば、関東のボート乗りにはおなじみの、「よこはま・しんやました海の駅」(タイクーン)があります。係留することができる場所が多いのも、横浜港の特徴ですね。

また、横浜港の奥にはボートで行けるガソリンスタンド、「キヨミヤ石油」があります。ここは専用のポンツーンを持ち、ボートを横付けして給油できるプレジャーボート乗り御用達の施設。近くに立ち寄ることがあれば活用してみてください。

横浜港内にあるボートで行けるガソリンスタンド「キヨミヤ石油」。ボート乗り御用達です

キヨミヤ石油から見た横浜港。キヨミヤ石油は、軽油、ハイオクなどの価格が安くて助かります

ダイレクトなコース設定が可能

湾奥から風の塔方面へ

海ほたると風の塔を結ぶラインよりも北側の湾奥エリアは、障害物が少ないため、比較的気を使わずに航行することができます。そのためこの海域では、湾奥エリアと風の塔周辺のエリアをダイレクトに結ぶコースを設定することが可能です。

湾奥から湾口へと向かう場合は、風の塔のすぐ東側のエリアを通るのが一般的です。千葉側から横断道路を横切る場合は、アクアラインの橋脚の下を抜けていくことも多いですね。ただし、このコースを取る場合は、盤洲鼻の浅瀬には近づかないよう注意してください。

(上)羽田空港ターミナル。拡張工事で沖合まで工事区間が広がっています。航行には注意しましょう
(下)海ほたるから風の塔方面を見る。この間が航路になってます

関連ページ｜16〜17ページ

確実に第二海堡を視認すること

風の塔から第一海堡へ

風の塔から第一海堡へ向かうとき、もっとも注意しなくてはならないのが、中ノ瀬航路内への侵入です。航路を逆走して海上保安庁に検挙されるようなことのないよう、常に航路の範囲と自船の位置を確認しておくことが重要です。かならず、中ノ瀬航路の出口から十分離れたところに、ウェイポイントを設定しましょう。

中ノ瀬航路の出口付近には、木更津航路の航路標識や中ノ瀬の航路標識など、非常に多くのブイが設置されています。視界のよいときはまだしも、霧や雨で見通しが悪かったり夜間の航行中は、ブイを識別するのが非常にむずかしいので注意が必要です。レーダーを搭載しているボートであれば、中ノ瀬D灯浮標のレーダービーコンや第二海堡のレーダービーコンなどを活用し、周囲の状況を確認しながら航行しましょう。

先ほども述べたとおり、第一海堡の手前には季節によってその北側に大きく定置網が出っ張っています。この海域を航行する場合は、第一海堡をぎりぎりにかわすあたりに針路を取ることのないよう注意してください。ここでは、確実に第二海堡に近寄って通過することが、非常に重要となります。

関連ページ｜16～17、22～27ページ

コースを変更してショートカットするべからず

横浜から観音埼へ

平成9年に発生した〈ダイヤモンドグレース号〉の座礁事故を踏まえて、中ノ瀬を迂回するA～D灯標の西側には、整流ブイ(灯浮標)が3基設置されました。湾奥から湾口に向かう多くの本船は、この整流ブイの西側を通り、南本牧埠頭寄りの海域を航行するようになったのです。このため、横浜沖から根岸湾沖にかけては、湾口に向かう本船が頻繁に航行しています。

このエリアを航行する場合は、できるだけ本船の常用航路を避けなければなりません。横浜方面から湾口のほうへダイレクトに針路を取ると、このコースに侵入してしまいます。大きく迂回するように心掛けましょう。

南本牧埠頭を過ぎて根岸湾沖に達したら、針路を少し東側に取って猿島へと向かいます。途中にある八景島や平潟湾などに寄港する場合も、沖ノ根のブイに近くに来るまではそのまままっすぐ航行しましょう。八景島のピラミッド状の建物や展望台のタワーが目立つので、ついつい針路を変えてショートカットしたくなりますが、このコースだと網がたくさんある水域に入り込んでしまいます。赤白に塗装された住友重機械工業横須賀製造所のガントリークレーン(38～39ページ参照)よりも西側には、針路を取らない

関連ページ｜22～25、34～39ページ

よう注意してください。

一方、根岸湾から観音埼方面に向かうときは、そのまま猿島方面に進み、住友重工の赤白のガントリークレーンを真横に見るあたりまで直進します。ここまでくると、左手に浦賀水道航路の出口のブイが三つ並んでいるのが見えると思います。航路侵入の危険を冒さないように、かならずこのブイは視認してください。ちなみにこの出口にある中央7号灯浮標にも、レーダービーコンが設置されています。

ここから観音埼の真横までは、浦賀水道航路に沿って南下することになります。可航幅が狭いので、常にGPSプロッターの画面に注意し、航路と一定の距離をおいて航行しましょう。この際、物標として役立つのが、遠くに見える房総半島の鋸山です。この山を少し斜め右手に見るようにすると、浦賀水道航路と平行に航行することができます。

前にも触れましたが、平成19年に第三海堡の撤去工事が完了し、大型船が通れる浦賀水道航路の可航幅が少し広がりました。これにともなって、航路の灯浮標の位置などが一部変更されています（27ページ参照）。

本船がひっきりなしに航行している浦賀水道航路。プレジャーボートは、できるだけ航路を避けましょう

観音埼灯台と東京マーチス（東京湾海上交通センター）。この沖は、可航幅が狭いので注意してください

変更点を正しく理解し、大型船の動きを常に注意しながら航行しましょう。

また、走水の沖から観音埼にかけては、小型のボートも含めて釣り船がたくさん出ています。釣りに集中して周囲の見張りが不十分なケースも多いので、注意が必要です。

観音埼をすぐ右手に仰ぎ、浦賀水道航路左舷第3号灯浮標をすぐ左手に視認したら、針路を45度ほど右に取ります。湾口に向かう場合は、まっすぐ南下していきましょう。

横須賀港入り口近くの深浦。波静かな泊地になっています（36〜37ページのチャート参照）

GPSプロッターとコンパスを活用しよう！

観音埼から三崎漁港へ

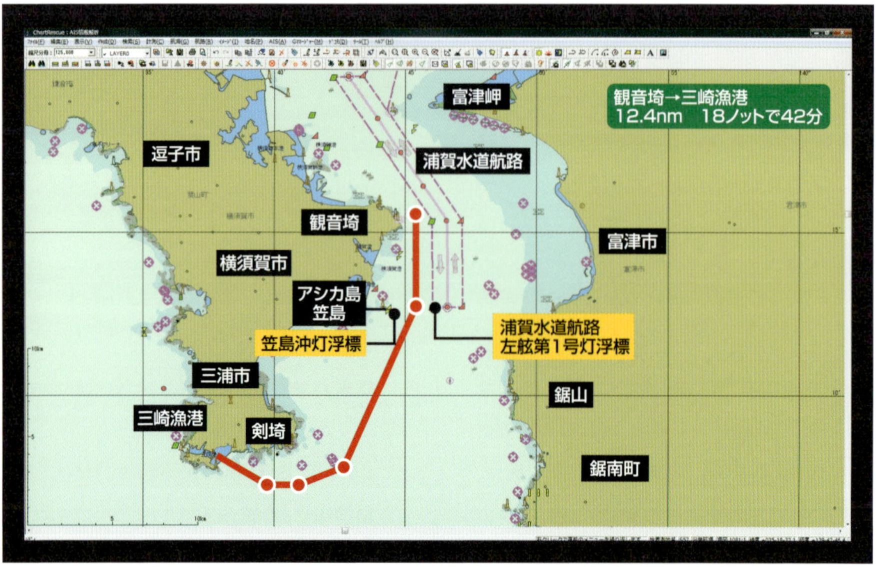

観音埼をかわしたら、東京湾はぐっと開けて左右に視界が広がります。ここで剱埼のほうにまっすぐ向かいかたくなるのですが、途中には久里浜沖に浮かぶ難所、アシカ島があることを忘れてはいけません。かならず、浦賀水道航路に沿ってまっすぐ南下してください。

観音埼から横須賀方面を望む。久里浜沖にはアシカ島があるので、航路沿いにまっすぐ南下します

次のウェイポイントとして設定するのは、浦賀水道航路左舷第1号灯浮標と笠島沖灯浮標の真ん中です。ちょうど遠くに見える洲埼の先端を目指して走るとこのコースに乗ります。

浦賀湾の湾内に入る場合も、観音埼からまっすぐ向かうと、暗岩、釣り船、養殖イケスなどの障害物が多くなります。沖にある沖の香山根灯浮標を右手に見るまではまっすぐ南下し、それから針路を右に転じて浦

関連ページ｜24～25、32～37ページ

剱埼北から金田湾（三浦海岸）を見た風景。金田湾内は定置網だらけですから入らないようにしましょう

賀湾に向かいましょう。

笠島沖灯浮標を過ぎたら剱埼方面に向けて右に転舵しますが、あまり陸岸に寄り過ぎると危ないので、少し距離を離して進んでください。このコースは進行方向になにも物標がありません。このような状況では、まずGPSプロッターで定めたコースに乗せ、そのときのコンパス針路を保持しながら進むとよいでしょう。

剱埼沖近くの海域には、その日のコンディションによって遊漁船がたくさん集まっていることが少なくありません。この場合は早めに船団を避けて航行するよう心掛けましょう。

東京湾口を守る剱埼灯台。併設されていたレーマークビーコン（船舶の航行援助システムのひとつ）局は21年春に廃止されました

剱埼を回り込むと、三崎港の向かい側にある城ヶ島が見えてきます。なお、航行する際は、剱埼をギリギリに回り込んではいけません

剱埼を右真横に見るくらいまで南下したら、徐々に右に転じて城ヶ島方向に向かいます。ただし岸寄りの海域は、返し波で走りにくかったり暗岩や定置網が多いので、少し沖出ししたまま走りましょう。決して陸岸には近づかないでください。

しばらく陸と平行に進み、城ヶ島大橋が推奨針路298度（真方位）方向になったら右に転じます。あとは、この方位でまっすぐ進むだけです。ただし右手の陸寄りには多くの網があるので、油断せずに航行してください。

三崎港東航路のブイに沿って進むと防波堤を超えます。三崎港は大変広くて快適ですが、港内ではデッドスローを心掛けましょう。

三崎港から出港するときも、すぐに剱埼方向に針路を取ってはいけません。これだと沖合の定置網にかかってしまいます。東航路のブイを通過したら、しばらくは館山方向に向かって沖出ししてください。

強風時の横波に注意し、避航地を決めておこう

三崎漁港から初島方面へ

城ヶ島南西沖に浮かぶ浮魚礁灯浮標。剱埼沖から初島、熱海方面に向かうときの物標には最適

相模湾のど真ん中にある海洋肥沃化実験装置「拓海」。海洋深層水を汲み上げてプランクトンや魚を増やす実験をしています

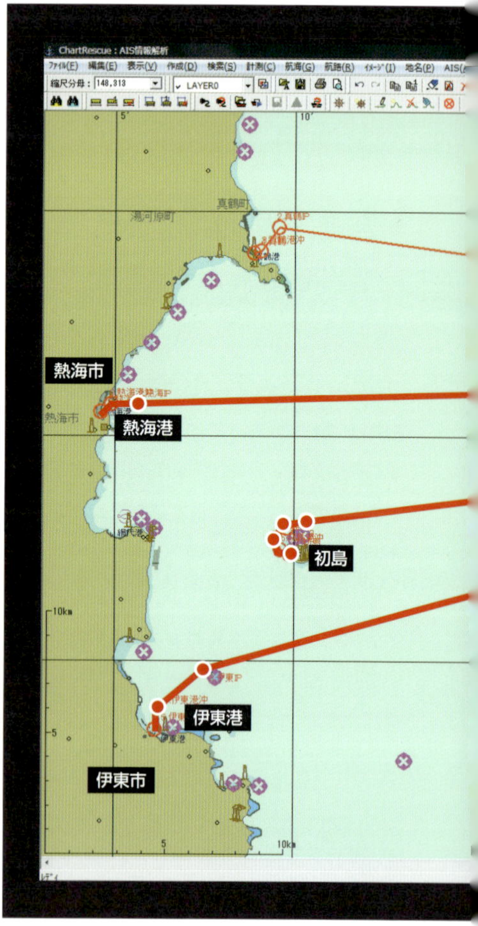

三崎漁港から初島方面に向かうときは、相模湾の中央を横断する外洋コースになります。波の立ち方も内湾のものとは異なるので、天候には十分注意しなければなりません。一方、ここからの行程は外洋になるので、途中に特に気をつけなくてはならない障害物はありません。城ヶ島の南西沖にある浮魚礁や、相模湾の真ん中で海洋深層水をくみ上げて水質改善を図る実験施設「拓海」の位置などを把握しておけば十分でしょう。三崎漁港西航路から向かうときは針路方向の左手に、剱埼方向から向かうときはその針路上に現れてくるはずです。

このコースは南風や北風が強いとき、ちょうど横から波を受けることになります。ジグザグに走ったり、少し針路をずらして走るこ

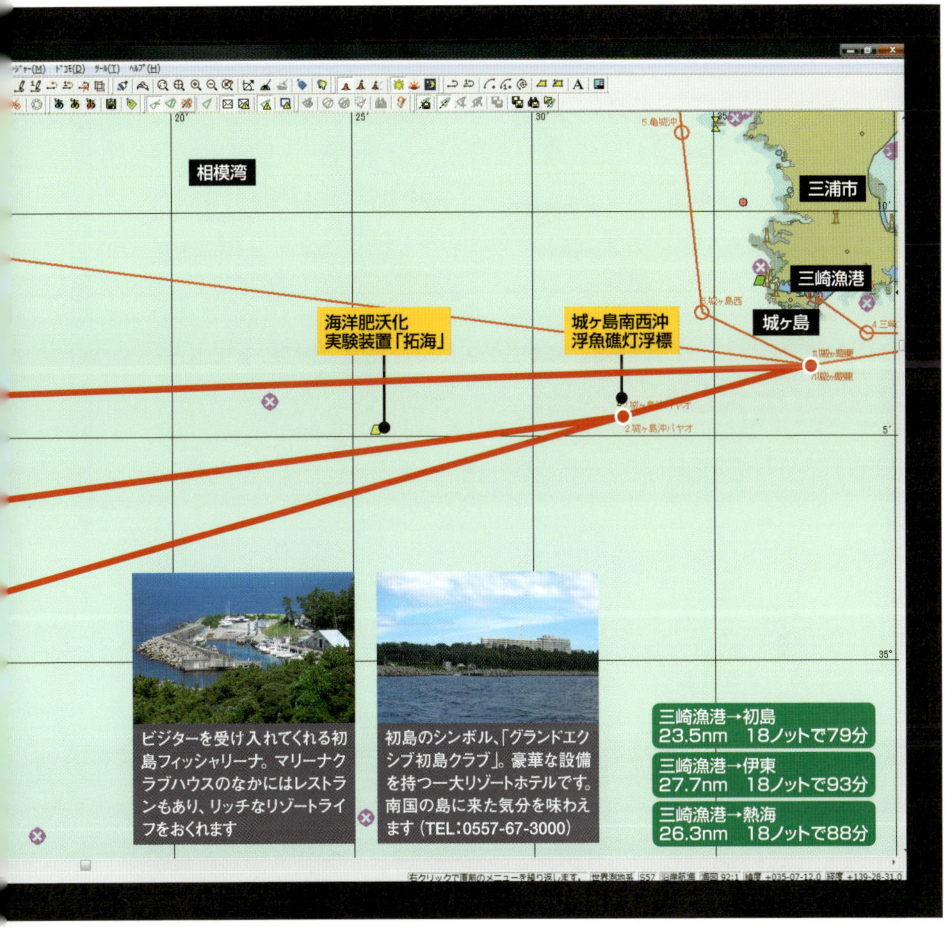

ビジターを受け入れてくれる初島フィッシャリーナ。マリーナクラブハウスのなかにはレストランもあり、リッチなリゾートライフをおくれます

初島のシンボル、「グランドエクシブ初島クラブ」。豪華な設備を持つ一大リゾートホテルです。南国の島に来た気分を味わえます（TEL：0557-67-3000）

とで、できるだけ横波の影響を避けるようにしてください。また、波が高くなってきたら、目的地を変更したり、早めの避航を心掛けることが重要です。

また、目標となる初島や熱海の景色が伊豆の山々に隠れて視認しにくいことも、このコースの難点といえます。特に逆光となる午後はほとんど見えません。GPSプロッターの針路線を目標に合わせて、コンパス針路を確認しながら航行しましょう。

浦賀水道航路へ侵入しないコースで

第一海堡から東京湾口へ

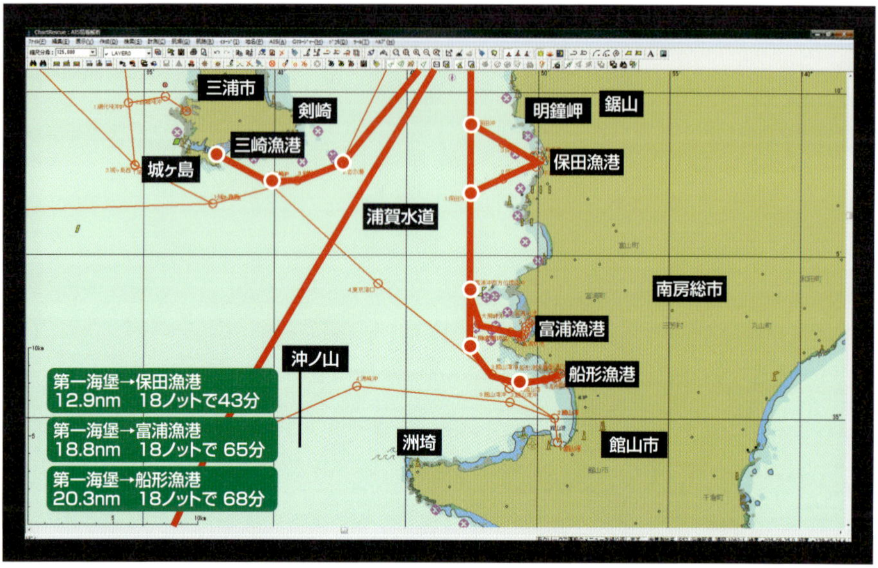

第一海堡と第二海堡周辺の海域から、湾口へ向けて南下する場合は、浦賀水道航路への侵入に注意しなくてはなりません。第一海堡や第二海堡からダイレクトに湾口の開けた水面に向かうと、まともにこの航路に侵入してしまいます。浦賀水道航路左舷第4号灯浮標の脇に次のウェイポイントを設定し、大きく迂回しながら航行しましょう。おおよそ150度の方向です。

第一海堡と竹岡を結んだ線の陸側には、一面にのり網が広がっています。この付近はよい漁場で、数多くの遊漁船がひしめき合っていることがあります。行く手を塞がれて、うっかり「右からかわしていこう」とすると、航路に侵入してしまいます。かならず航路の位置を確認してから航行してください。

ところどころにある網や、遊漁船の群れを避けながら浦賀水道航路の右舷第4号灯浮標を越えたら、針路を180度として浦賀水道航路入り口である右舷第2号灯浮標に向けてまっすぐ南下します。浦賀水道航路の千葉県側を航行するときは、絶対にこれら2つのブイを視認してください。逆に湾口側から北上するときは、浦賀水道航路右舷第4号灯浮標を越えてから、大きく左に転じます。惰性でそのまま進むと、第一海堡と富津岬

関連ページ｜24～31、44ページ

の浅瀬やのり網地帯に突っ込んでしまいます。湾奥から南下するときと同様、第二海堡と第一海堡、第一海堡と富津岬の展望台を間違えやすいので要注意。特に第二海堡は、横浜側の背景に溶け込んで視認しにくいことを肝に銘じておいてください。

浦賀水道航路を越えてさらに南下する場合、明鐘岬沖の定置網に引っ掛からないように、浦賀水道航路右舷第2号灯浮標近くを航行し、その先もこのコースを維持しなければなりません。保田漁港に向かうときも、すぐに保田方面に針路を転じてしまうと定置網があって危険です。

この先は特に目標となるものもなく、右斜め方向に外洋が開けています。そのため南西の風が強いときは、外洋からの波浪が打ち寄せて走りにくくなります。いったん荒れたところに突っ込むと、引き返すことは困難ですので、早めの判断が要求されます。

(上)湾口方面、南側から見た第二海堡。横浜側の背景にとけ込んでいるのがわかりますか?
(下)富浦沖灯浮標。浦賀水道航路脇を南下する際は、これを越えるまでは針路をまっすぐ保つこと

千葉県側の著名な物標、鋸山。金谷の背面にあり、航行上の大切な物標になります

浦賀水道航路脇を南下して保田漁港に向かう際は、明鐘岬を確実に左舷真横に見てから左に変針します。保田漁港前には大きな定置網があるので、平島を目指して斜め方向にアプローチします(88ページ参照)。

富浦、館山方面に向かう場合は、そのまま直進。富浦沖灯浮標(西方位標識)を越えるまでは、針路を変更してはいけません。陸寄りには定置網や暗岩があちこちにありますからね。自信がなければ、浦賀水道航路右舷第2号灯浮標から洲埼の先端少し手前をねらっていけば間違いありません。真方位180度に向けて航行していくだけです。

一方、千葉県側から三崎方面や大島方面に向かうときは、浦賀水道航路右舷第2号灯浮標を通過して大きく右に変針します。三崎漁港に向かうときは右手に見える剱埼の方向に、大島方面に向かうときは洲埼の沖合を目指します。いずれの場合も、東京湾に出入りする本船のコース上を斜めに横切ることになるので、見張りは欠かせません。

沖ノ山周辺の波を考慮したコースで

湾口から伊豆大島、下田へ

東京湾口から大島の波浮港に向かうときは、洲埼と剱埼の中間地点よりやや剱埼寄りに進んでいきます。千葉県側から向かうときも神奈川県側から向かうときも、ちょうど遠くに見える大島の中央、三原山に向かっていくといいでしょう。この場合、プロパーコースより少し右に寄ることになりますが、その理由は、洲埼周辺の要注意個所でも解説したように、「沖ノ山の影響をできるだけ避けるため」です。

沖ノ山の周辺海域で、少しでも波の影響を受けないようにするには、洲埼の真西と城ヶ島の真南を結んだ線のあたりを通過するとよいでしょう。波静かなコンディションであれば、大島の左端、竜王埼を目指して一直線に向かってもOK。ただし波浮港の手前は、南西の風が強いときは返し波で走りにくいのと、波浮港手前に舵掛根という浅瀬があるので、少し沖合からアプローチしましょう。

東京湾口から下田方面に向かうには、三崎港に向かうような形で剱埼を回り込み、そこから一直線に大島の沖合に向けて針路を取ります。次のウェイポイントとなる爪木埼沖までは約50海里。20ノットで走っても2時間半はかかりますので、航続距離の短い艇の場合は、三崎港で給油してから向かうことも検討してください。いったん沖出ししてしまうと、避難港を探すのが困難なコースです。万一のときは、三崎港に戻れるくらいの余裕を持って航行しましょう。

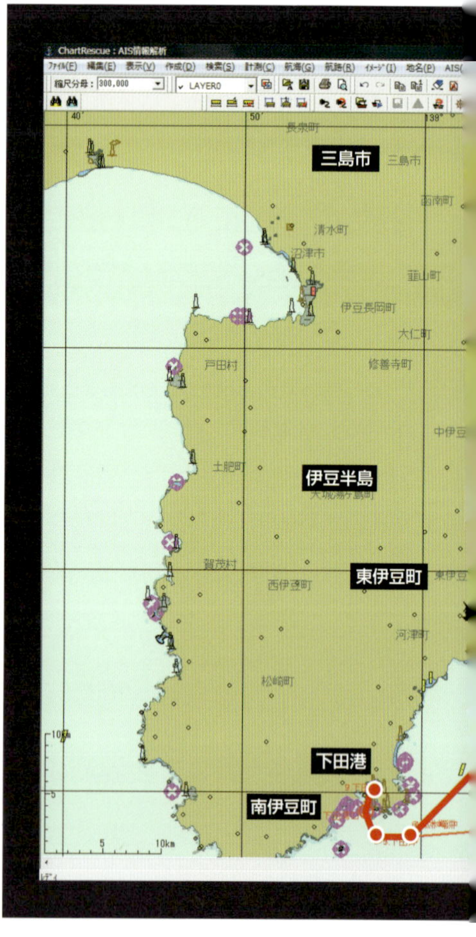

なお、このコースは西航する本船の常用コースとなっているので、しばしば本船と同航したり行き会ったりします。集中力が途切れやすい一直線の航行ですが、見張りには注意

関連ページ | 70～71、94～95ページ

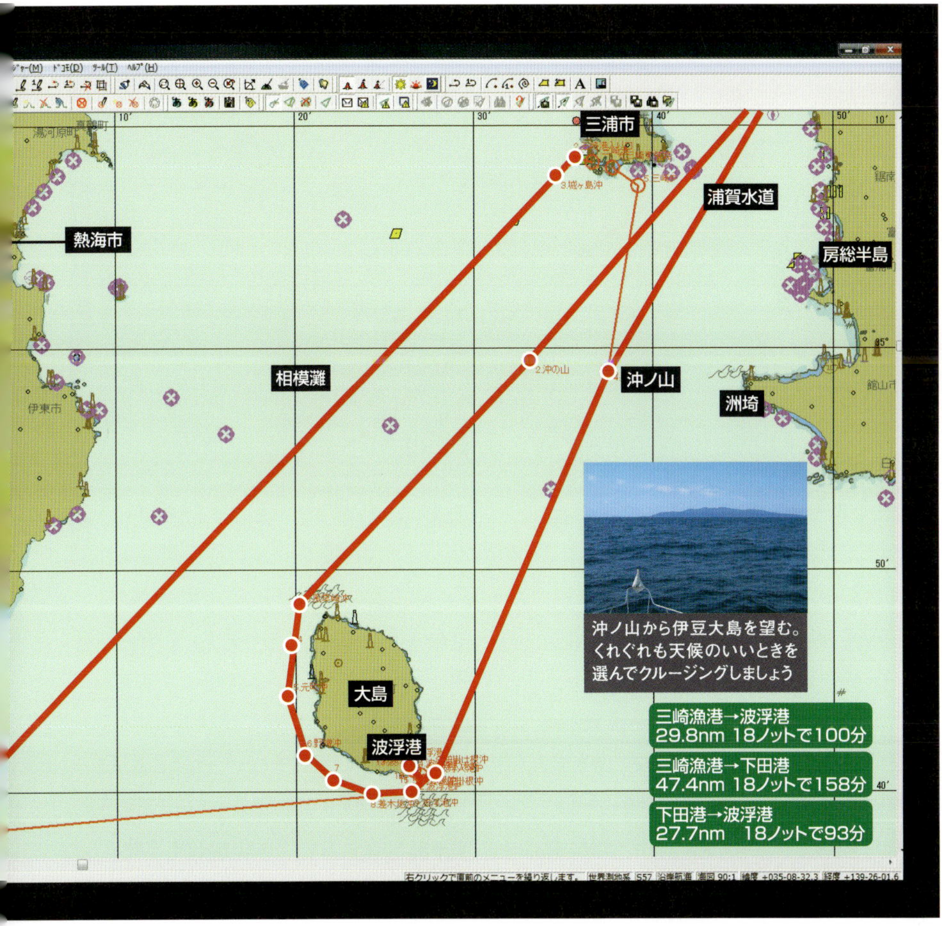

沖ノ山から伊豆大島を望む。くれぐれも天候のいいときを選んでクルージングしましょう

してください。また、ショートカットしようとして、爪木埼ギリギリに近づくのは御法度です。かならず、大きく沖合から回り込んでください。

東京湾から出て大島や下田に向かう場合は、たいてい外洋のうねりのなかを航行することになります。いったん天気が崩れ始めると、湾内クルージングでは考えられないくらい荒れ狂うこともあるので、くれぐれも天候には注意してください。場合によっては、その日の天候に応じてコースを変えることも必要です。

それぞれ特徴のある3コース
東京湾を横断する

東京湾を東西に横断する場合、いくつかのルートが考えられます。ここでは、館山〜三崎、保田〜久里浜、木更津〜横浜という、三つのコースについて紹介していきます。

まず、館山から三崎に向かうとき、あるいはその逆の場合ですが、館山港を出港、あるいは三崎漁港を出港したら、それぞれ一直線に向かうだけの比較的簡単なコースとなります。ただし、東京湾に出入りする本船が頻繁に行き来するなかを斜め方向に横切ることになるので、十分な見張りが必要です。

このコースの場合、外洋の波やうねりの影響を受けることになります。夏場の南西風が強いとき、あるいは冬場に北東寄りの風が強いときには、常に真横から波を受けて、むずかしい航行を強いられることがあります。こんなときは最短コースにこだわらず、いったん沿岸沿いに保田付近まで北上し、斜めの風を受けながら東京湾を横断するなどの工夫が必要です。

神奈川県側から保田漁港方面に向かうときは、いったん浦賀水道航路の南端に位置する久里浜付近まで航路に沿って南下します。浦賀水道航路左舷第1号灯浮標を越えたら針路を転じて、明鐘岬沖から保田沖

関連ページ｜28〜29、32〜33、40〜41ページ

を目指して向かいましょう。ちょうど、久里浜と金谷を結ぶ東京湾横断フェリーと並走することになります。

このコースは浦賀水道航路近くを航行することになるので、航路に出入りする本船とひっきりなしに行き会います。航行中は見張りを十分に行ってください。もしも自信がない場合は、久里浜から竹岡方面に向けて最短距離で横断するという対応も考えられます。千葉県側に渡ってから南下すれば、航路に向かってくる本船と行き会う頻度が減るので比較的安心して航行できます。

木更津から横浜方面に向かうときは、木更津航路をまっすぐに出て、中ノ瀬航路出口の海域をまっすぐに横切ります。中ノ瀬D灯浮標を左に見て横浜港に向かいましょう。コース的には簡単ですが、行き交う本船を横切って行くので、見張りはお忘れなく。

横浜から第一海堡方面に向かうときは、目の前に中ノ瀬航路が横たわっています。これを迂回するのはあまりに不経済。この場合は航路を横断するしかありません。横浜港を出たら、中ノ瀬C灯浮標をかすめてまっすぐ第一海堡方向に進みます。この際、中ノ瀬を迂回する本船コースを横切りますから見張りには注意してください。

このコースでもっとも気をつけなくてはならないのが、航路の横断方法です。「航路を横断する船舶は、当該航路に対しできる限り直角に近い角度で、すみやかに横断しなければならない」がルールです。このコースで中ノ瀬航路に進入すると、斜めに、しかも逆行方向に航行することになってしまいます。これではいけませんね。このコースを取ると

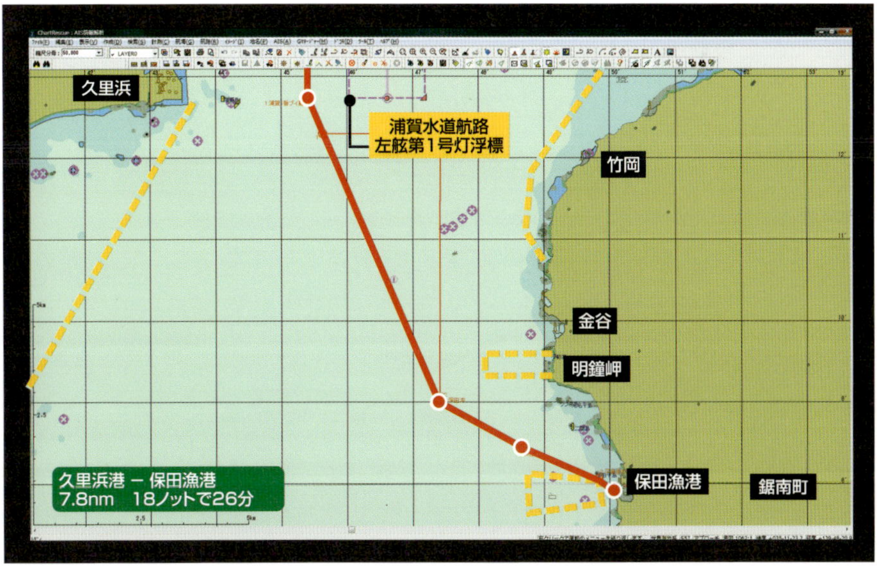

きは、中ノ瀬航路を確実に認識して、その近くに達したときは左に転じて、航路を直角に横切り、横断したらまた改めて第一海堡のほうに針路を取ります。いいですか? 航路に対して斜めに進入してはいけませんよ。中ノ瀬A灯浮標を背にしたあたりで横断するのがよいでしょう。これは、ベイサイドマリーナ方向から横断するときも同じです。

東京湾を横断するにあたってもっとも問題となるのは、やはり中ノ瀬航路、浦賀水道航路という2大航路です。筆者としては、できるだけ航路を横断するのは避けたほうがよいという立場をとっていますが、場合によっては横断しなければならないことも少なくないでしょう。現在は浦賀水道航路の横断禁止水域もなくなって、航路のどこでも自由に横断することができますが、それでも本船の動きには十分に注意を払うよう心掛けましょう。

＊

以上、東京湾周辺で筆者がよく活用するコースについて解説してきました。それぞれのコースの注意点を事前に把握しておけば、重大なトラブルに遭う確率もぐっと減ってくると思います。

一方、「与えられたコースを走るだけではおもしろくない」という人もいることでしょう。そうです。ボートはどこをどのように走ろうと、キャプテンの自由です。無理やりこのコースに従う必要なんてありません。ただし、これまで解説してきたような要注意個所を理解したうえで自由に走るのと、むやみやたらと走るのでは雲泥の違いがあります。そのことだけは肝に銘じておいてください。

PART 4

クルージングを楽しむ際には、一時的にボートが停められる港やマリーナが必要です。またクルージング先で、さまざまな海の幸に舌鼓を打ったり、ショッピングにいそしんだりするのもボート遊びの楽しみのひとつ。行ったことのない場所を訪れるというのは、とてもワクワクしますよね。ここでは、そんなクルージングスポットを紹介しましょう。

東京湾周辺のクルージングスポット

“なじみ”ができればしめたもの

クルージング先の寄港地

旧江戸川にある筆者のホームポート、イズミマリーン

マリーナを活用する

この章では、クルージング先の寄港地について見てみましょう。

東京湾内やその周辺の海域には、民間マリーナや公共マリーナなどが数多くあり、ボートの保管業務のほか、給油、メインテナンス、レストランなど、さまざまなサービ

うらが海の駅（マリンポートコーチヤ）。東京湾口に位置する抜群のロケーションと、素敵なレストランが待っています（神奈川県横須賀市東浦賀町2-22-2／北緯35°14.4'東経139°43.5'／TEL：046-843-4123）

スを提供しています。

一部のマリーナでは、ショッピングモール、自然公園、遊園地などの施設が併設されていて、一般の人にも知られた観光スポットとなっています。また、リゾートマンションやテニスコートなどの一角に係留設備を備えているようなマリーナは、テレビドラマや雑誌のグラビア撮影などのロケ地として使用されることも少なくありません。

一方、陸上保管を基本とするマリーナでは、クレーンやスロープなどの設備を利用して、ボートの上げ下ろしを行っています。陸上保管の場合、一時係留できる桟橋のスペースが限られますが、レストランや給油設備を備え、ビジターの受け入れを積極的に行っているところも少なくありません。東京湾クルージングの寄港地として、大いに活用しましょう。

最近では公共の船着き場などをプレジャーボートに開放しようという動きもあり、ようやく行政も水辺との接点を模索し始めました。今後もこの流れが続いていって欲しいものです。

■日本マリーナ・ビーチ協会 公式サイト
http://www.jmba.or.jp/

各地の漁港を活用する

陸と海とを繋ぐ接点といえば、なんといっても数が多いのが漁港です。漁業の盛

南房総の漁港、船形漁港。プレジャーボートも温かく迎えてくれる貴重な漁港です

館山港も寄港地としては魅力的なところ。岩壁に係留しますので、その準備は忘れずに

んな日本では、それこそ津々浦々に漁港があります。惜しむらくは、プレジャーボートを受け入れてくれる場所がそれほど多くないということでしょうか。それでも、三崎漁港、波浮漁港、船形漁港、保田漁港など、多くの港が積極的にプレジャーボートを受け入れています。最近は「フィッシャリーナ」という名称で、漁港施設の一部を活用し、海洋性レクリエーションとの共存を図る漁港も増えてきました。

こうした漁港施設を利用するにあたっては、マナーの遵守が不可欠となります。港にゴミを放置しない。港内でマリントイレは使用しない。洗剤を流したりしない。こうした最低限のマナーは守らなければなりません。

漁港を利用する場合、浮き桟橋ではなく岸壁に係留するのが一般的です。着岸するにあたっては大きめのしっかりしたフェンダーが必要ですし、ロープも十分用意する必要があります。岸壁の角にロープが当たって擦れないように、擦れ止めもしなければいけませんし、潮の干満に応じてロープやフェンダーの長さも調節しなくてはなりません。寄港するにあたっては、こういった点にも注意してください。

「海の駅」を活用する

最近、日本各地に「海の駅」というものができて話題となっています。街道沿いにある「道の駅」の海版ですね。地域の中核マリーナとして、ビジターが気軽に寄れる環境を整備したものです。

北は北海道から南は沖縄まで、一時寄港できるレジャー拠点が整備され、それぞれの海の駅ごとに積極的な取り組みが進められています。東京湾周辺の海域にも、数多くの海の駅があります。寄港地の候補を探すのにこんなにありがたいことはありません。その取り組みには、大いに期待したいものです。

■海の駅 公式サイト
http://www.umi-eki.jp/
■海の駅ネットワーク
http://www.umieki.net/

寄港地を選ぶ場合の注意点

寄港地として選定するにあたってもっとも重要となるのが、入出港の難易度です。あちこちにあるマリーナが、まったく同じかというとそうでもありません。港への出入りに気を使うところは、できるだけ敬遠したほうが無難です。

たとえば、河川沿いにあるマリーナの場合、河口付近に浅瀬があることが多く、初めて航行する場合は気を使います。少し荒れてしまうと、出入りも困難となるので注意が必要です。また、漁港やマリーナのなかには、限られたコースを走らないと暗岩や浅瀬の砂州に座礁してしまうところもあります。寄港地を選ぶにあたっては、十分に事前の情報を入手しておくようにしましょう。

ちょっと一息つくのに便利な横浜の水上ターミナル「みなとみらいぷかりさん橋」。ここのAバースはプレジャーボートでも先着予約制で全日利用可能（40フィート未満2,000円／回、TEL：045-223-2121）。併設されているレストラン「海鮮びすとろ ピア21」で食事もできます

また、寄港地を選ぶにあたっては、入港時間や出港時間についても考慮する必要があります。橋脚の高さが低いため潮待ちしなければならないところや、時間制限のある水門などを通過しなければならないところでは、ゆっくりと遊んでいるわけにはいきません。日が高いうちに戻らなければならないとなると、せっかくの休日も台無しですからね。

また、マリーナや漁港に寄港する場合は、ルールやマナーに細心の注意を払う必要があります。一人の心ない行いのために、先人たちが苦労して守ってきた漁港が使えなくなってしまうことすらありました。くれぐれも節度ある行動を心掛けてください。

以下では、東京湾周辺にある海の駅やプレジャーボートの受け入れに積極的な漁港などを中心に、日ごろ、筆者が利用しているクルージングスポットをいくつか紹介しています。もちろん、ここで紹介している以外にも、ビジターを受け入れてくれるマリーナは数多くあるので、受け入れ態勢については各自で問い合わせてみてください。

天然の良港にある風光明媚なスポット
しもだ海の駅

伊豆半島先端の下田港は、外洋から守られた天然の良港です。漁業の基地となっていて、多くの船舶が利用しています。陸に目を向ければ、ホテルなどが立ち並ぶ一大リゾート地となっており、温泉もふんだんに湧いています。港の周辺には風光明媚な名勝も多く、観光スポットには事欠きません。

「しもだ海の駅」に登録されている下田ボートサービスは、湾奥のやや東側に位置し、給油、給電、給水、整備などのサービスにも対応しています。入港するにあたっては、事前に下田ボートサービスへ連絡し、スタッフの指示に従ってください。

下田周辺の海域は、海の難所として知られています。黒潮が伊豆半島先端をかすめるようにして流れていて、風向きによっては潮の流れと風がぶつかってものすごい波が立ちます。周辺には暗岩も多く、下田港南西の石廊埼には導灯（指向灯）が設置されているほどクリティカルな海域です。

また、このあたりの海域は東西をつなぐ海の大動脈になっていて、潮岬と同様、多くの本船がひっきりなしに行き交います。海の交通の要所となっているので、大型船にも十分に注意を払う必要があります。東京方面からアプローチするときは、伊豆半島の先端に向かって一路南西に進みますが、浅瀬のオンパレードですから絶対に爪木埼には近寄ってはいけません。十分、沖合に離れて航行してください。

爪木埼を越えてから海況が一変することも多いので、港に係留するまでは油断は禁物です。爪木埼を真北に見るくらいになったら

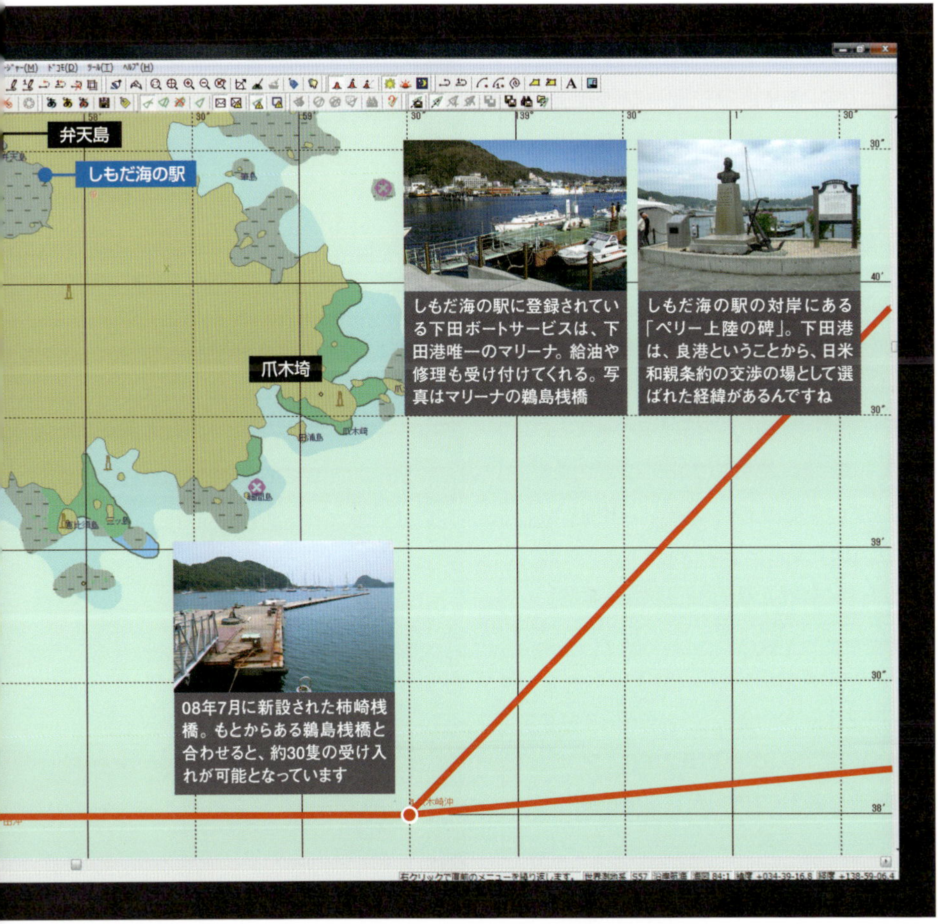

しもだ海の駅に登録されている下田ボートサービスは、下田港唯一のマリーナ。給油や修理も受け付けてくれる。写真はマリーナの鵜島桟橋

しもだ海の駅の対岸にある「ペリー上陸の碑」。下田港は、良港ということから、日米和親条約の交渉の場として選ばれた経緯があるんですね

08年7月に新設された柿崎桟橋。もとからある鵜島桟橋と合わせると、約30隻の受け入れが可能となっています

西進して下田港沖へ向かいますが、ここでもショートカットせず沖合を航行しなければなりません。

なお、三崎港と同様、下田港の奥にはタンカーが停泊しており、給油することができます。

しもだ 海の駅

所在地	北緯34°40.4’ 東経138°57.8’
給油	○ ／修理 ○ ／食事 周辺
住所	静岡県下田市柿崎36-54
電話	0558-22-5511（下田ボートサービス）

観光施設が整備された伊豆半島の玄関口

いとう海の駅

伊東市の繁華街の近くにあるのが、「いとう海の駅」に登録されている伊東サンライズマリーナです。温泉街の玄関口にあるこのマリーナは、海の駅「伊東マリンタウン」の一角にあり、敷地内にはショッピングセンターやスパなど、さまざまな観光施設が整備されています。ちなみに、このなかにある朝霧牛乳のアイスクリームは絶品。ぜひご賞味ください。

伊東サンライズマリーナに訪れるにはビジターバースを予約する必要があります。ここは三浦半島や相模湾のマリーナをベースとする人たちにとって、格好のクルージングスポットとなっています。そのためシーズン中はビジターとして訪れる人が少なくありません。事前にマリーナに連絡を取り、空き状況を確認しましょう。

マリーナは南北方向に広がっていて、ビジターバースは港内の奥のほうに位置しています。専用のポンツーンが用意されているので、入港直前にスタッフの指示に従って着桟してください。

三浦方面から伊東へ向かうコースは、それほどむずかしくありません。初島のやや南寄りをねらって走るだけです。三崎方面から向かうと、背景の山陰に島の輪郭が溶け込んで初島が視認しにくい場合がありますが、GPSプロッターを用いれば迷うことはありません。途中に気をつけなければならない障害物もないので、直線コースで走ることが可能です。下田方面からアプローチするにあたっては、川奈の岬をぎりぎりにかわすのではなく、浅瀬を避けてやや北側から回り込むようにしましょう。

ショッピングセンターやスパなどの複合商業施設、「伊東マリンタウン」の一角に位置する伊東サンライズマリーナが、いとう海の駅。抜群のロケーションです

ちなみに伊東港の地形で興味深いのは、

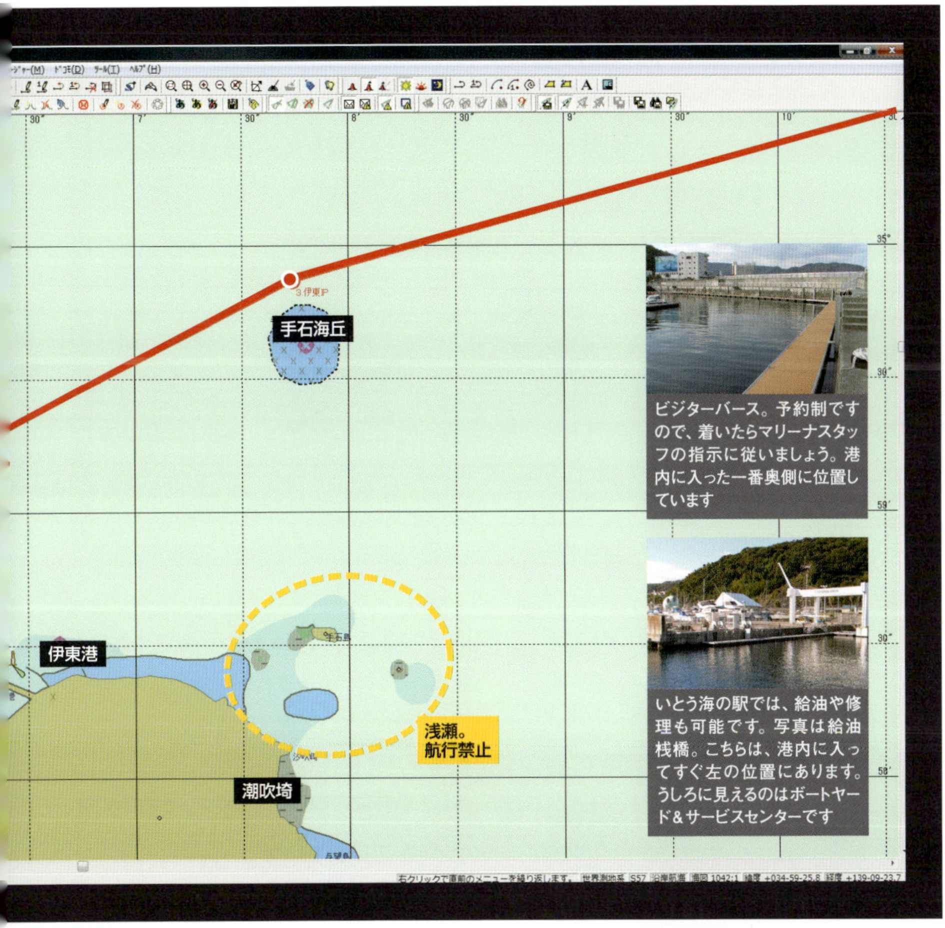

ビジターバース。予約制ですので、着いたらマリーナスタッフの指示に従いましょう。港内に入った一番奥側に位置しています

いとう海の駅では、給油や修理も可能です。写真は給油桟橋。こちらは、港内に入ってすぐ左の位置にあります。うしろに見えるのはボートヤード&サービスセンターです

20年ほど前に発生した海底噴火(手石海丘)です。伊東港北東の沖合に噴煙が上がり、いっときは大騒ぎとなりました。魚探で海底の起伏を確認すると、お椀を伏せたような形状を確認することができます。

いとう 海の駅

所在地	北緯34°59.1' 東経139°05.7'
給油	○ ／修理 ○ ／食事 ○
住所	静岡県伊東市湯川571-19
電話	0557-38-7811（伊東サンライズマリーナ）

併設された三浦の産直センターも魅力！

みうら・みさき海の駅

東京湾のクルージングスポットとして、欠かすことができないのが三崎港です。三浦半島の先端にあって、その外側を城ヶ島がカバーするような地形となっている天然の良港で、台風のときなどは多くの船舶が避難してきます。

それだけに、外洋の状態が港のなかでは判断しにくいのがこの港の特徴です。夏場の南西風が急に吹いてきたときなど、港の外に出てみたらびっくりするくらい荒れていたということも少なくありません。あまりにひどい状況であれば、無理せず引き返しましょう。

現在、三崎港は「みうら・みさき海の駅」に登録されていますが、海の駅が制度化されるずっと以前から、プレジャーボートを広く受け入れてきました。正式名称は、三崎フィッシャリーナ・ウォーフ「うらり」。飲食店、土産物店などのさまざまな施設がある敷地内の一角に、プ

人気抜群の寄港地、みうら・みさき海の駅は、城ヶ島大橋をくぐった奥にあります

みうら・みさき海の駅のビジターバース。バースの長さは155メートル！

三崎港内の給油施設のあるタンカーとタンクローリー。遠征時の重要な給油ポイントのひとつです

併設された産直センターは、安くて新鮮な海の幸がいっぱい。活気にあふれています

レジャーボートを臨時係留できるスペースが用意されています。浮桟橋でないのが少し残念ですが、係留施設としては申し分ありません。

港へのアプローチは城ヶ島を挟んで東西方向から出入りできますが、どちらも特にむずかしいことはありません。相模湾方向からアプローチするときは西航路から、剱埼方向からアプローチするときは東航路から向かいます。それぞれ97度、298度（ともに真方位）の推奨針路で進めば問題ありません。

ただし剱埼方向からアプローチする場合、城ヶ島大橋が見えたとばかりショートカットしてまっすぐ進むと、定置網があるので注意が必要です。十分に沖出ししてから、推奨針路に従ってアプローチしてください。防波堤を越えたらスピードを落として走りましょう。

みうら・みさき海の駅

所在地	北緯35°08.5’　東経139°37.0’
給油	○　／修理　×　／食事　周辺
住所	神奈川県三浦市三崎5-3-1
電話	046-881-6721

大型アウトレットモールやレストランも！

よこはま・かなざわ海の駅

防波堤の入り口から見たセンターハウス方面。よこはま・かなざわ海の駅に登録されている横浜ベイサイドマリーナは、日本最大級のマリーナです

「よこはま・かなざわ海の駅」に登録されている横浜ベイサイドマリーナは、収容隻数1,000隻を超える東京湾随一の規模を誇るマリーナです。隣接する敷地内には大型のアウトレットモールやレストランがあり、多くの観光客が訪れます。ビジターバースの収容能力も高く、給電設備もあるのでオーバーナイトでの利用時も快適に過ごすことが可能です。

このマリーナは根岸湾の湾奥に向かって左側、元貯木場の跡地に位置しています。アプローチする場合は、根岸航路のブイに従って進入し、マリーナの入口が真横に見えるぐらいまで近づいてから左に変針しましょう。

ちなみに、よほど大型艇でないかぎり、南本牧埠頭と陸の間の水路を通ることもできます。50メートルほどの幅ですが、天候によっては本牧沖の嫌な波を避けられるというメリット

こちらはオーナー用のバース。日本最大級の規模だけに、修理ヤードも完備しています

があります。横浜ベイサイドマリーナから横浜港内に向かう場合の近道ともなります。このコースについては水深の心配はありません。

マリーナの防波堤を越えたらスローに落とし、センターピアに向かって進みます。数多くの艇が係留できるスペースが用意されているので、どこに着桟すればよいか予約のときに確認しておきましよう。港内はデッドスローを守ってください。

給油やメインテナンスといったマリーナとしての設備や機能が充実していることに加えて、レストランや買い物を楽しむことができるのも横浜ベイサイドマリーナの魅力といえます。ただし、同行者がショッピングに夢中になりすぎて、予定の時間に戻れなくなる……といった心配があるのも事実です。

マリーナ方面から見た出入り口はこんな雰囲気。マリーナ内はもちろんデッドスローで航行してくださいね

ビジターバースにはこんな大型艇もけっこう係留されています。陸電(有料)を利用した船中泊も人気です

よこはま・かなざわ海の駅

所在地	北緯35°22.9′　東経139°39.5′
給油	○　／修理　○　／食事　○
住所	神奈川県横浜市金沢区白帆1
電話	045-776-7599(横浜ベイサイドマリーナ)

海を眺めながらの食事は最高！
よこはま・しんやました海の駅

「よこはま・しんやました海の駅」に登録されているTYCOON（タイクーン）は敷地内に桟橋のあるレストランで、今日のように海の駅が整備されるずっと以前から、プレジャーボートを温かく迎えてくれました。タイクーンにお世話になった古株のボート乗りは少なくありません。少なくとも自分のボートライフは、ここがなければずっと味気ないものになっていたと思います。

正面の防波堤を回り込んだところが、よこはま・しんやました海の駅です

タイクーンはエスニック料理を中心としたレストランで、メニューは大変豊富です。席数も多く、満席で座れないということはまずありません。桟橋の前にはオープンテラスもあり、天候がよければ海を眺めながら食事を楽しむこともできます。

タイクーンへは、横浜航路からはベイブリッジを越えてすぐ直角に左に曲がり、高速道

よこはま・しんやました海の駅の全景。正面にあるのがビジターバースです

レストラン「タイクーン」のオープンテラス。昔からのボート乗りにもおなじみの場所です

路に沿うようにして岸壁の手前を入って行きます。奥へ進むと正面に防波堤、その向こうに高速道路、正面やや右手にマリンタワーが見えてきます。

そのままマリンタワーのほうへ進み、堤防の先の狭い水路に入ります。堤防付近は浅いので、ギリギリに寄って航行してはいけません。さらに堤防が切れるところまで進み、進路の左手に広がる内水面のほうへ直角に曲がって入ります。この海域には多くのはしけ（作業船）がたくさん繋がれていて、その奥の行き止まりに「Tycoon」と書かれた大きな看板が見えてきます。

ビジター向けの係留場所はレストランの正面にあり、浮桟橋になっています。ビジターバースを利用するにあたっては、事前に電話で状況を問い合わせておきましょう。

よこはま・しんやました海の駅

所在地	北緯35°26.5' 東経139°39.7'
給油	×　／修理　×　／食事　○
住所	神奈川県横浜市中区新山下3-4-17
電話	045-624-2700（タイクーン）

夢の島公園や夢の島熱帯植物園で遊ぶことも可能

ゆめのしま海の駅

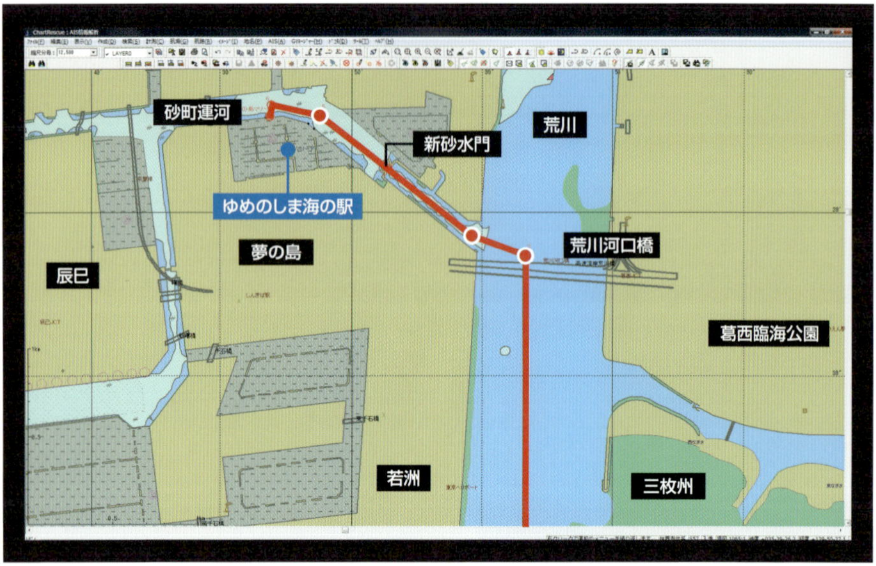

「ゆめのしま海の駅」に登録されている東京夢の島マリーナは、都立夢の島公園の一角に位置しています。600隻を超える係留設備をもつ東京湾周辺でも有数の大型のマリーナで、給油施設やマリンショップ、修理ヤードなどが完備されています。また、マリーナのセンターハウス2階にあるレストランでは、バイキングスタイルの食事やコースメニューなど、時間帯によってさまざまな料理を楽しむことができます。

東京夢の島マリーナは、荒川の河口エリアに位置しています。湾口から向かう場合は、若洲と三枚州の間を通り、湾岸線の大きな橋をくぐってすぐ左の水路へと進みます。すぐ目の前にある新砂水門を抜けたところが砂町運河です。

この運河は両岸が浅いので、航行中はできるだけ中央近くを航行するようにしましょう。

600隻を超える係留設備を持つ東京夢の島マリーナは、海からでも陸からで気軽に訪れることができます

ゆめのしま海の駅全景。後方には夢の島公園や夢の島熱帯植物園も見えますね

ゆめのしま海の駅に登録されている湾奥を代表するマリーナ、夢の島マリーナは、修理ヤードやレストランも完備しています

また、新砂水門は航行量が多いので通過の際には特に注意してください。出船優先を守り、出港する船を確認したときは水門の外側で待機しましょう。

新砂水門を抜けると、すぐ左手にマリーナが見えます。入口が2カ所ありますが、給油で訪れるときは水門からみて手前にある入り口を入って左に回り込んでいきます。堤防沿いを航行していくと正面がサービスヤード、その右手に給油設備があります。

一方、ビジターとして停泊するときは、この先にある入口を抜けてすぐ右に曲がり堤防沿いを進んでいきます。ビジターバースはマリーナの奥に位置しますが、途中の水深が浅いので、極端に陸側に近づかないように注意しましょう。

ゆめのしま海の駅

所在地	北緯35°39.0'　東経139°49.8'
給油	○　／修理　○　／食事　○
住所	東京都江東区夢の島3
電話	03-5569-2710（東京夢の島マリーナ）

レストラン利用者は2時間まで係留無料

えどがわ海の駅

「えどがわ海の駅」に登録されているニューポート江戸川は、旧江戸川を遡上した妙見島にある老舗のマリーナです。船舶免許の講習、会員制マリンクラブ（ニューポートマリンクラブ）、レンタルボートなどの一大拠点で、新艇の試乗会なども頻繁に行われています。船舶免許の取得時にこのマリーナに通ったという人も少なくないでしょう。

このマリーナ2階には本格的な地中海料理のレストランがあります。夜は生ピアノが演奏されるほどのお洒落なレストランでリゾート気分を満喫できます。ただしビジター桟橋の利用は予約が必要なので、事前に一報を入れておきましょう。

ニューポート江戸川のある妙見島は、旧江戸川を遡ったところにあります。沖合から旧江戸川の河口へ向かうにあたっては浦安

えどがわ海の駅は、老舗マリーナのニューポート江戸川が登録。レストランのほか、給油や修理もOK

旧江戸川の妙見島にあるえどがわ海の駅。ビジターバースは下流側になります

沖南方位灯標を目指して走り、この灯標に十分近づいてから東京ディズニーランドのホテル群のほうへ向かいましょう。

ここから、ホテル群の角を目指してアプローチします。ホテル群の角の護岸を50メートルほど離してパスし、以後少し離れる程度で走ります。両側に竹竿が立っているので、その真ん中を走りましょう。くれぐれも開けている荒川のほうに寄ってはいけません。

葛西臨海公園前水路を越え、舞浜大橋の手前からはずっと右岸側が浅いので、大きく左に寄ること。だいたい左岸側1/3程度のところを航行します。東西線の鉄橋の手前からは係留艇があるため徐行してください。浦安橋をくぐってすぐその先が、えどがわ海の駅です。

えどがわ海の駅のクラブハウス2階にある本格的な地中海料理のお店「A LA VERA」。パエリア、スペイン風オムレツなど、旬な素材を使った料理は絶品です!

えどがわ海の駅

所在地	北緯35°40.1' 東経139°53.2'
給油	○ ／修理 ○ ／食事 ○
住所	東京都江戸川区東葛西3-17-16
電話	03-3675-4701（ニューポート江戸川）

潮干狩りクルーズでの利用も楽しい

きさらづ海の駅

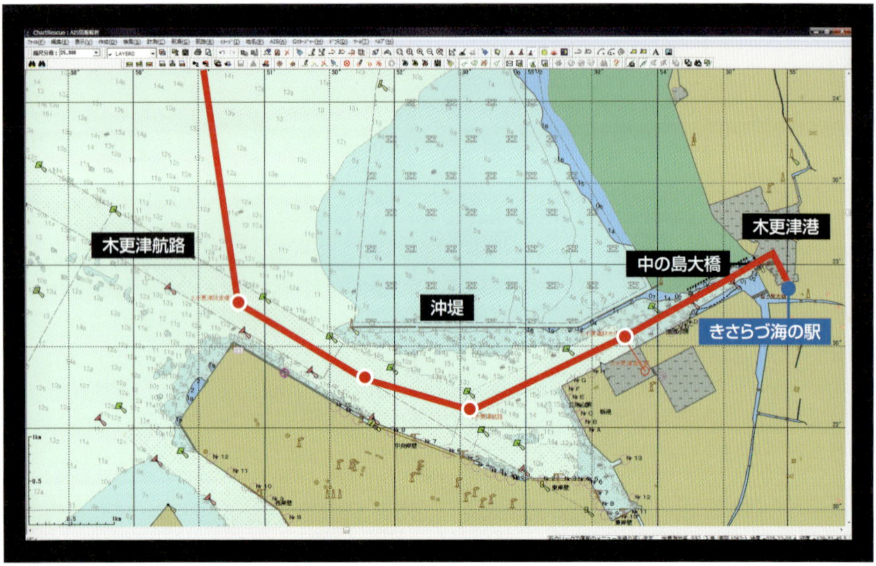

木更津港の奥深く、中の島大橋を越えて右手奥にあるのが「きさらづ海の駅」です。海の幸が豊富な土地柄、東京湾の千葉県側は大変おいしい食事を堪能することができます。この木更津港もその例に漏れず、名物のアサリ料理、新鮮なアジやカワハギ、渡りガニなどを味わうことができます。ビジターで利用するときは、予約のうえ訪れてくださいね。桟橋から徒歩3分で、海鮮茶屋「活き活き亭」という建物があり、野趣に富むバイキング式の海鮮バーベキューを楽しむことができます。普通のレストランの料理に飽きた方には一風変わっていて楽しいかもしれません。お隣には水産物のおみやげ物屋がありますので、ぜひ訪れてみてください。

きさらづ海の駅（セントラル）。隣の海岸は、潮干狩りスポットとしても有名です

木更津港は広大な千葉県側の浅瀬、盤洲鼻の近くにありますから接近には注意が必要です。特に海ほたる側から近づくときは要

木更津港のシンボル、中の島大橋。きさらづ海の駅は、この橋をくぐってすぐです

きさらづ海の駅のある木更津港に入港する際は、製鉄所の高炉が目印

注意です。ついついショートカットしてしまいがちですが、盤洲鼻にはのり網や浅瀬が待ち受けています。かならず新日本製鐵君津製鐵所の高い煙突を目標に、沖合いからアプローチします。木更津港には長い沖堤がありますが、その沖側より進入してください。プレジャーボートも木更津航路の最後のブイは通過したほうがいいでしょう。

「きさらづ海の駅」には、堤防沿いに進みます。堤防が折れ曲がるあたりまで行けば、中の島大橋の赤い橋がはっきり見えてきます。この橋に向かって、水路の真ん中を走って行きましょう。中の島大橋付近の両岸は浅く、黄色のブイが2対ありますから、その間を通過するようにします。中の島大橋を過ぎたらデッドスローに落とし、右手の堤防が切れたら右に曲がって入港します。ビジター用の桟橋は全部で4つ。地元で古くからボート販売やマリーナを営むセントラルが管理していますので、電話で問い合わせてください。なお、桟橋は港内に入って正面やや左手の突き当たりになります。

きさらづ海の駅

所在地	北緯35°22.9’　東経139°55.0’
給油	○　／修理　○　／食事　周辺
住所	千葉県木更津市富士見3-1-22
電話	0438-37-2091（セントラル）

知る人ぞ知るとっておきの寄港地

竹岡マリーナ

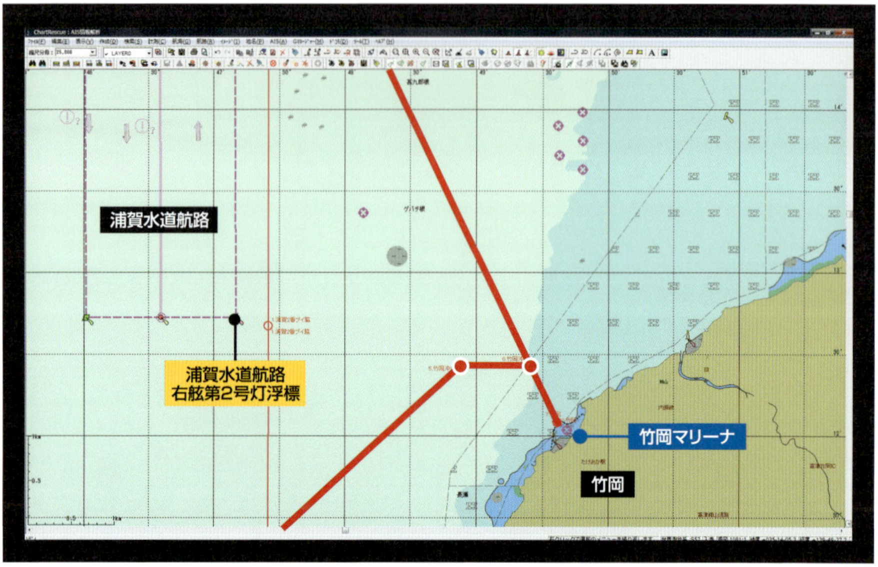

竹岡マリーナは、千葉県の萩生漁港内にあります。周辺には網があるので注意しましょう

内房の上総湊のすぐ南に位置する竹岡は、穏やかな海と海の幸に恵まれた静かな漁港です。あまり知られていませんがここ萩生漁港に隣接して竹岡マリーナがあり、我々プレジャーボートを温かく受け入れてくれます。筆者のお気に入りのマリーナで、おしゃれなレストランがあって、おいしい海の幸をふんだんに用意してくれます。本当は筆者のとっておきの場所なのですが、ここで思い切って紹介しちゃいます。レストランの2階は宿泊もできるようになっていて、オーバーナイトのプランも気軽に立てることができますよ。

竹岡マリーナへは、第一海堡から浦賀水道航路右舷第4号灯浮標に向かって走り、館山方面に向かうときは、4号灯浮標から2号灯浮標に向かって右に曲がりますが、竹岡へは4号灯浮標からそのまままっすぐ一直

竹岡マリーナ全景。萩生漁港は静かで風情のある良港。一度は訪れてみてください

線に陸に向かって進みます。背景の山にゴルフ場のフェアウェイが見えますが、それが目印。少し近づくと漁協の白い建物も見えてきます。このあたりは、ところどころに刺し網が入っていますから、ブイや浮きには注意してください。ペットボトルなんていうのもありますから、見張りは厳重に。

竹岡マリーナのレストランでは、海の幸をふんだんに味わうことができます

港の入口には赤い灯台がありますので、それを目指してください。入口はまっすぐアプローチすればOK。入口前両岸は浅いので、まっすぐ入ってください。入港したらすぐ左手の護岸に着けますが、漁船が止まっている場合は横抱きします。どうしたらよいか、事前にマリーナに連絡して指示を仰ぎましょう。電話するときは「東京湾クルージングガイド見たんだけど」と一言いうと、スムーズです。みなさんぜひ利用してくださいね。

竹岡マリーナ

所在地	北緯35°11.58' 東経139°49.35'
給油	× ／修理 × ／食事 ○
住所	千葉県富津市萩生580
電話	0439-69-8711

内房のクルージングスポットといえばここ！

きょなん・ほた海の駅

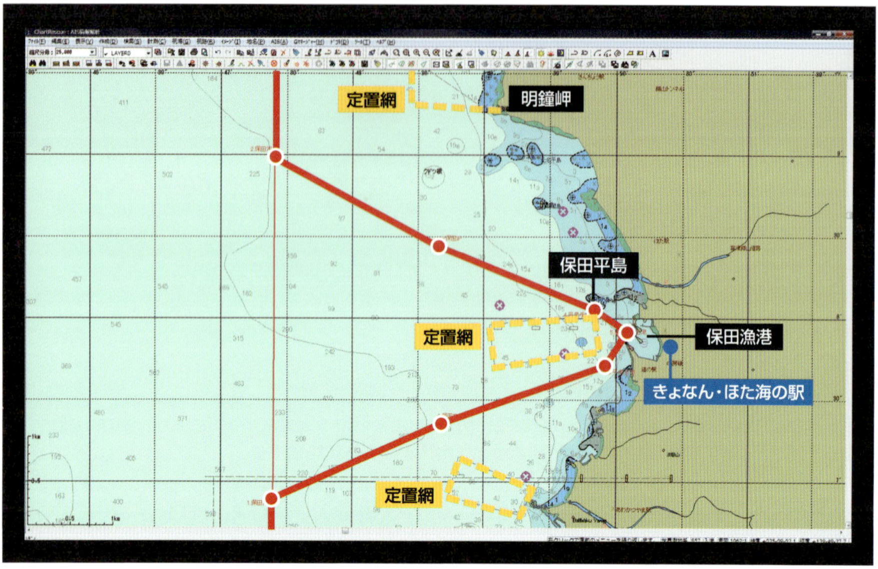

保田漁港は、内房を代表するクルージングスポットです。「ばんや」といったほうが通りがいいかもしれませんね。保田漁港は古くから漁業の町として栄えましたが、ご多分にもれず、漁業人口の減少とともに漁港のスペースの有効活用や次の商売の種を模索していました。それでできたのが漁協直営のお食事処「ばんや」であり、プレジャーボート用のビジター桟橋です。海の駅制度が発足するずっと以前より我々プレジャーボートを受け入れてくれ、当時寄港する先がなかった我々を温かく迎えてくれました。ここでお世話になった古株のボート乗りは大変多いのではないでしょうか。この「ばんや」がなかったら我々のボートライフはずっとつまらないものになっていたと思います。「ばんや」は港のすぐ脇にあり、ボートで訪れても大変便利です。

「ばんや」も最初は海の家に毛が生えた程

保田漁港入り口にある平島。この島を目指して斜めにアプローチし、定置網を避けるのがポイント

保田漁港沖合の巨大な定置網と遊漁船。このあたりは、よいポイントが点在することでも有名

度のものでしたが、人気が出るに従ってどんどん拡張、改築され、今では大きくてきれいな建物になりました。「ばんやの湯」という温泉や宿もできて一大拠点となっています。店の外には海産物の即売市場があり、週末ともなると多くの観光バスでごった返しています。大変な賑わいですね。

ビジター桟橋は大きな浮桟橋が3本あり、かなりの艇数が着けられますが、大変人気があるので週末はなかなか泊めることができないのが悩みです。

さて、保田漁港を利用するときにもっとも気をつけなければならないのが、漁港のすぐ目の前にある大きな定置網です。「なんでこんな邪魔なところに張るんだ?!」と突っ込みを入れたくなるくらいほんと正面にあります。沖合から保田漁港入り口真正面に向かうと間違いなくこの定置網に引っ掛かります。かならず北か南かどちらかから斜めにアプローチします。明鐘岬方面からだと、明鐘岬を過ぎるまではまっすぐ南下して明鐘岬沖の定置網を確実にかわした後、保田漁港に向けて西に60度位曲がって進みます。詳細なGPSプ

きょなん・ほた海の駅全景。奥に見える緑の屋根がお食事処「ばんや」です

ロッターをお持ちでしたら、保田漁港のすぐ前に浮かんでいる小さな岩、平島に向けて針路を取ります。この間もところどころに刺し網がありますから、見張りは厳重に。海が凪いでいれば、沖合にボンデンや浮きが連なった定置網が、右手に見えてきます。この平島に向けて、斜めにアプローチするのがコツです。時化ているときはほんとにこの網見えませんから、最初は静かなときに行ってみるか、だれか知っている人に同行してもらって、安全なコースを航跡を残しておいてから使うのがいいでしょう。北風が強いときの北側からのアプローチ、逆に南風が強いときの南側からのアプローチは、ついつい風に吹き流されて網に近づいてしまいますから、注意が必要です。

きょなん・ほた海の駅	
所在地	北緯35°07.9' 東経139°50.3'
給油	× ／修理 × ／食事 ○
住所	千葉県安房郡鋸南町吉浜99-5
電話	0470-55-4844（お食事処「ばんや」）

旧港と新港の両方が利用可能

富浦漁港

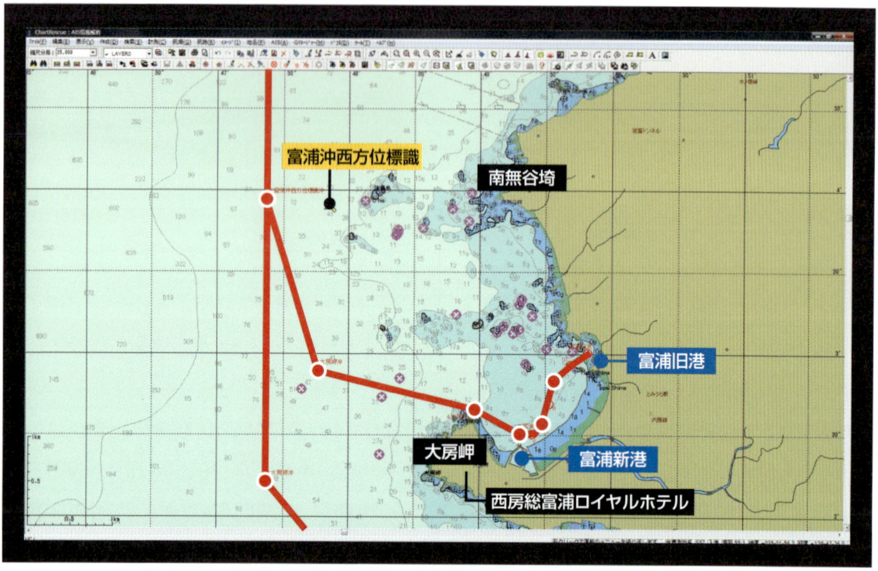

富浦旧港。施設は周りにあまりありませんが、民宿街があるので宿泊する際は便利です

南房総富浦漁港は、新港と旧港という二つの港を持ち我々プレジャーボートを受け入れてくれる、風光明媚で波静かな内湾です。夏場は大房岬のすぐ脇が絶好のアンカリングスポットとなっていて、快適な海水浴を楽しむことができます。ここの海水浴はほんとに気持ちがよくて、三浦半島の油壺を連想させるような緑に抱かれてのゆったりとした時間を過ごすことができます。筆者の大のお気に入りのスポットです。

富浦新港は大房岬の付け根にあり、大房岬の上にそびえる、南房総富浦ロイヤルホテルを訪れるときに便利です。一方の湾の奥にある富浦旧港は、周りになにも施設がありませんが、少し歩くと民宿街があり、一夜の宿を取ることができます。300メートルほど歩けばボート乗りの味方、スーパーおどやもあります。また、すぐ隣には海水浴場が

大房岬の付け根に位置する富浦新港。近くに「南房総富浦ロイヤルホテル」があります

あり、波もほとんど来ないのでお子様連れでも安心して海水浴を楽しむことができます。

この富浦湾には、もうひとつおもしろい施設があり、日ごろの鬱憤を晴らすことができるかもしれません。その施設とは、海上釣堀。富浦湾の入り口、大房岬の先端近くに大きなイケスが浮かんでいて、そのイケスで釣りを楽しむことができるのです。タイ、ヒラマサ、ブリ、カンパチ、シマアジ、ヒラメと、釣り人なら「いつかは！」と思う魚がそこにいるのです。その分、お値段も少々張りますが、確実に釣れるようです。釣れなかったらマダイのお土産をくれるとか。お子様を釣りに引き込もうとしているお父さん、一度その釣れる感触を味わわせてみてはいかがでしょうか？

さて、そんな富浦ですが、入港するには少々注意が必要です。まず、富浦湾の沖には浅瀬がたくさんあり、プレジャーボートといえども危険だからです。富浦沖には富浦沖西方位標識があり、このブイより陸側には決して近づいてはいけません。浦賀水道航路右舷第2号灯浮標すれすれに通過し、そのままの針路で洲埼のほうに向かってまっすぐ南

神奈川県の油壺をほうふつさせる大房岬。港にはこの岬にぎりぎりに寄って入ります

下します。決して明鐘岬や浮島に近づいてはいけません。前述の富浦沖西方位標識を左舷真横に見てから館山湾のほうに斜め左に向かい、大房岬の北端が真横に見えるあたりでこの大房岬北端チョイ北側を目指します。この岬の北側には前述の釣り堀のイケスがあります。このイケスと岬の間くらいの所を通過するようにします。岬に近づくと左斜めに箒を逆さにしたような目印が浮いているのが分かります。そのあたりからは徐行してくださいね。そのまま岬に沿って進むと正面右手に富浦新港が見えてきます。旧港に向かうときは新港すぐ脇から左に転じて、富浦湾を横断するように進みます。旧港ではタンクローリーを呼べば給油することができます。

富浦旧港

所在地	北緯35°03.0′　東経139°49.52′
給油	○　／修理　×　／食事　周辺
住所	千葉県安房郡富浦町
電話	0470-33-2511（富浦町漁協）

採れたての海産物に舌鼓！

船形漁港

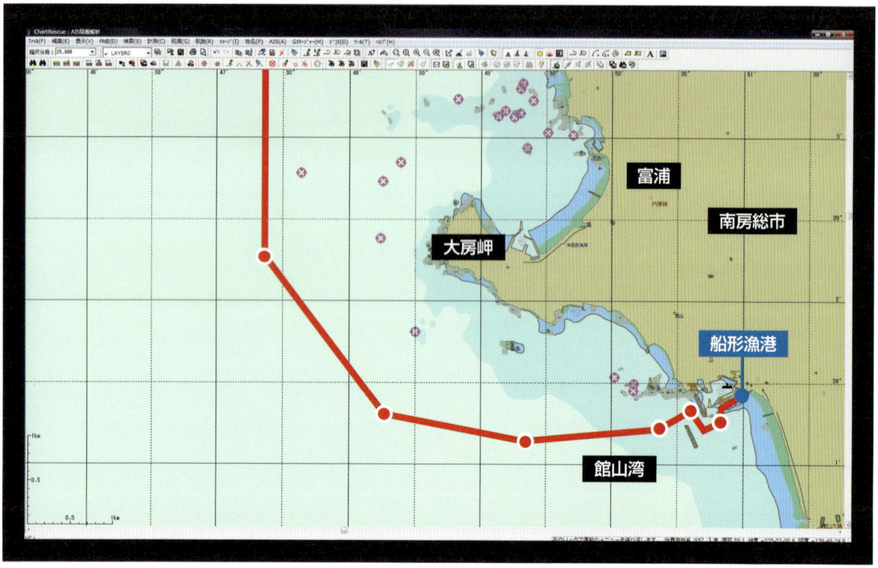

館山湾は、別名「鏡が浦」と呼ばれるくらい、波静かな内湾です。船形漁港は、そんな館山湾の奥に位置する広域漁業の第3種漁港で、遠く全国から漁船が集まります。現在は、その一角をプレジャーボートに開放してくれています。ひなびた漁港ですが、漁港のすぐ脇には漁協のやっているふれあい市場があり、採れたての魚や貝などの海産物やお土産、新鮮な海の幸の食事を楽しむことができます。毎年多くの観光客や、地元の人が買い物に訪れています。漁協直営……というところは保田漁港と同じですが、こちらのほうがぐっとひなびていて味わいがありますね。筆者は観光地化した保田よりも、こちらのほうが好きだったりします。

船形漁港の近くにはおいしい料理屋さんやボート乗りの味方、スーパーおどやがあって、バーベキューや夕食の買い出しには苦労しま

船形漁港は、左手の造船所と小高い山が目印

船形漁港全景。全国から漁船が集まる第三種漁港ですが、その一角をプレジャーボートに開放してくれています

赤い屋根の建物が、船形漁協の「ふれあい市場」。新鮮な海の幸を食したり、お土産を買うことができます

せん。少し寄ってみるのもいいでしょう。

船形漁港に向かうには、館山湾の中央を奥に進みます。湾奥方面からだと富浦を過ぎ、大房岬を完全に越えてから左に転じます。このとき、船形漁港が大房岬の根元にあるからといって、陸沿いに走るのは厳禁です。大房岬沿いには暗岩があって危険です。かならず、一度館山湾の中央に向けて沖出ししてください。感覚的には大房岬と、対岸の館山のちょうど中間をねらうくらいでいてください。館山湾の真ん中まで出たら、左斜め前に地場造船所のクレーンが見えてきます。船形漁港は、この造船所の右隣にありますから、クレーンを正面やや左手に見るように左に60度ほど変針します。

そのまま進むと、ほどなく沖防波堤が見えてきます。船形漁港の入口は、この沖堤の奥になります。どちら側から回り込んでもいいですが、左の造船所側はあまり近づくと浅瀬がありますから、近づき過ぎるのは禁物。この沖堤の裏側には網がありますから注意してください。漁港に入港したら、右手側の岸壁か堤防の裏に着桟します。

船形漁港

所在地	北緯35°01.18’　東経139°50.45’
給油	×　／修理　○　／レストラン　周辺
住所	千葉県館山市船形297-88地先
電話	0470-27-2111（館山船形漁協）

いつかは行ってみたい別天地

大島波浮漁港

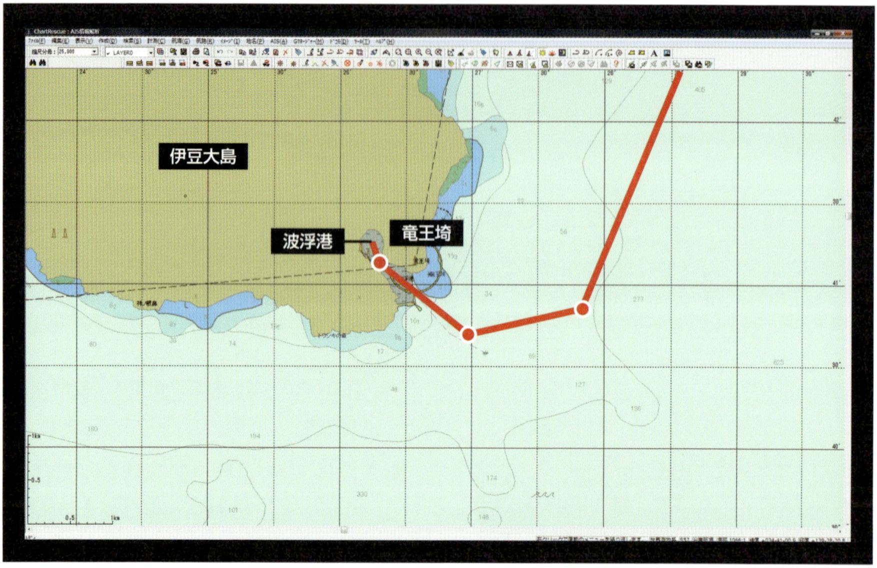

伊豆七島の北の端、伊豆大島は、相模湾沖に浮かぶ周囲50キロほどの火山島です。この伊豆大島は、関東のボート乗りにとっての登竜門。「一度は大島へ！」が、関東のボート乗りの合言葉にもなっていますね。

島のシンボルともいえる三原山は、島の中央にそびえ立ち、白い噴煙をあげています。全島海の幸と大自然があふれ、とても素敵な島です。晴れて視界のよい日なら観音埼沖あたりからでも望見でき、いかにもすぐ行けそうな佇まいを見せています。しかし、その間には黒潮流れる太平洋が待っています。もっとも近い陸地である伊豆半島東海岸からも5マイル以上離れていて、1級免許がないと行

東京湾口から大島を臨む。ボート乗りならだれでも、胸躍る光景ですよね！

波浮港に近づくと、はるか前方に利島、鵜渡根、新島が見えます

波浮港手前の竜王崎。波浮港に入港するときには、あまり陸地に接近するのは禁物

波浮港入り口の様子。左右は浅瀬。沖合からまっすぐアプローチします

波浮港入口にある新港。すいていますが、外洋の波浪の影響があります

くことはできません。いまより免許制度がむずかしかったころは、大島に行けることはある種のステータスシンボルだったようなところもありました。時代は変わりましたが、それでも関東のボート乗りにとって憧れの地であることは変わりありません。いつかは行ってみたいところの筆頭ですよね。

さて、そんな大島、島の南西の端に波浮港という、元火山の噴火口だった天然の良港があります。波浮港は南西に開いた港なので、南西の風が卓越するときは入港するのが困難な場合もありますが、広域の避難港に指定され、外洋に浮かぶ島の港としては、入港しやすい部類に入ります。港内はさほど広くはありませんが、給油、給水や氷の補充もでき、プレジャーボートの受け入れもしてくれます。奥の本港のほうは漁船優先で、停める場所が少なく、ゴールデンウィークやお盆の時期などは、びっしりプレジャーボートで埋め尽くされます。港の防波堤を越えてすぐ左手に新港ができて、こちらは比較的空いていますが、波浪の強いときはうねりが入ってしまって停めていられません。このあたりは、い

波浮見晴らし台から見た波浮港入口の様子。天然の良港ですが、その形状からして南西の風には弱いです

(左)波浮港の導標(2点の重視線が入港ルートです)
(右)波浮港のトイレ。港内でボートのトイレは使わないこと

(上)波浮港名物コロッケ屋さん。波浮に行ったら絶対寄ってください
(右)波浮漁協の「とれたて市場」。新鮮な魚介類がとても安く手に入ります

たしかたないところです。

大島は交通インフラがあまり強くなく、路線バスを利用しようとしたら、よほど綿密に予定を組まないと大変なことになります。観光をするなら、もっぱらタクシーを利用するのがよいでしょう。有数の観光地だけあって、いくつもの観光コースが用意されています。

艇を置いて港を離れるときは、かならず船番を置くか、連絡先を掲示してください。もち

波浮近くの観光スポットの筆島。昔の噴火口の溶岩だそうです

(上)御神火茶屋から見た三原山。時間があればぜひ訪れてみたいですね
(下)三原山裏手にある裏砂漠。非日常的な広漠とした景色を楽しめます

ろん漁協に一声かけるのもお忘れなく。

さて、波浮港に入港するには、大島の反対側(南)まで回り込まなくてはなりません。あまりデッドにねらってしまうと岸近くの返し波に翻弄されますし、波浮港の入り口には舵掛根という浅瀬がありますので、波浮港の入口が見える位置まで接近は禁物です。波浮港には導標が設置されていますが、入港はそんなにむずかしくはありません。港の入口を目指し、まっすぐに進入すればOK。ただ、港の入口はそんなに広くないのと、南西風が強いときは追い波でサーフィンしながら入港することになるので、保針には注意が必要です。また、夏場は港の入り口付近で潜水漁をしている人がいますから、見張りには注意してください。

東海汽船が発着する元町港。周辺には島一番の繁華街が広がっています

防波堤を越えてすぐ左が新港、そのまま奥に進むと本港です。元噴火口だけあって、丸い火口の形をした港だということがよくわかると思います。突き当たり正面の岸壁が、プレジャーボートが着けられる場所です。邪魔にならないように係留させてもらいましょう。右手は漁協の荷揚げ場なので、空いていても着けることはできません。給油は、夏場は右手の岸壁にタンクローリーが常時いますし、いない場合は呼べばどこにでも来てくれます。

大島波浮漁港

所在地	北緯34゜40.55' 東経139゜26.40'
給油	○ ／修理 × ／食事 周辺
住所	東京都大島町波浮港
電話	04992-4-0007（波浮港漁協）

魅惑的な内水面も捨てがたい

泊地

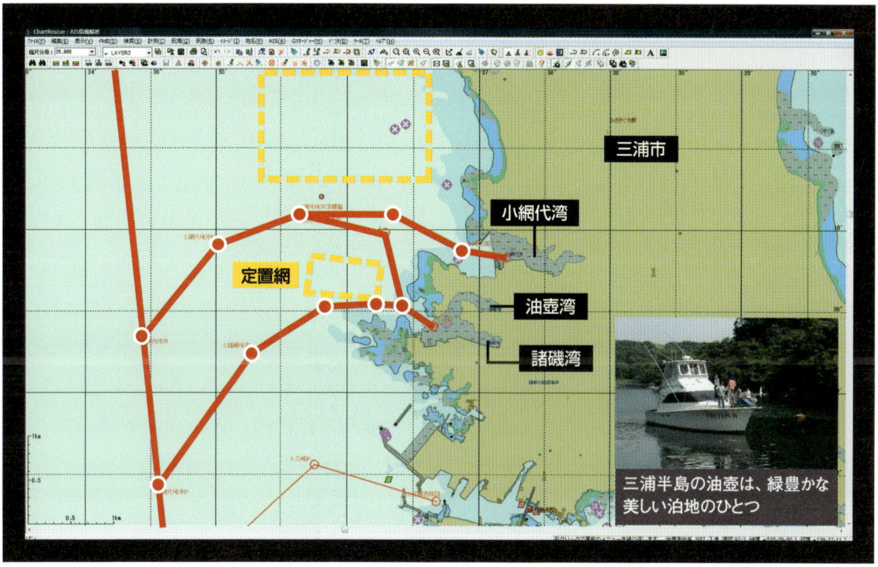

三浦半島の油壺は、緑豊かな美しい泊地のひとつ

東京湾周辺には訪れるマリーナや漁港のほかに、素敵な内水面があります。お弁当を持ってアンカリングしピクニックのようにくつろぐもよし、海水浴と洒落こむもよし。ここではそんな泊地の代表を紹介しましょう。

三浦半島側ではなんといっても訪れてみたいのが、油壺。まさに日本を代表するヨットのメッカです。諸磯湾から分岐して、内懐の深い湾を形成しています。長時間のアンカリングはできませんが、その山の緑に抱かれるような泊地のたたずまいは、一見の価値があります。油壺湾に入るときはその手前、諸磯湾沖にある定置網に注意してくださいね。これもまた湾の正面にありますから南か北側から迂回してください。湾の入り口両岸は浅いので、干潮時は湾の真ん中を通るように心がけましょう。

さて、安心してアンカリングできる場所といったら、なんといっても八景島の裏手、金沢八景の海の公園の前の水面が代表例でしょう。八景島にさえぎられ、ご機嫌な水面が広がっています。目の前には八景島シーパラダイスの遊園地で遊ぶ人々や、行き交う遊覧船、うしろを見れば海の公園で水遊びに興じる親子連れ、ウインドサーフィンを楽しむ若者、穏やかな内水面を利用してウ

横浜みなとみらい21地区にある〈日本丸〉の前の水面は、なかなかご機嫌な泊地。ビル群が立ち並ぶなか、アンカリングして船上でくつろぐというのもオツなものです

千葉の富浦湾は、大房岬の陰のところが絶好のアンカリングスポット。緑豊かな自然の入り江でのんびりと過ごすというのも、ボート遊びの醍醐味ですよね。底質もアンカーが利きやすく、おすすめです

ェイクボードを楽しむボートなどがあります。ここは水深も3〜4メートルと浅く、底質も砂や泥でアンカリングも容易です。

次が、横浜港のランドマークタワーのすぐ下の水面です。みなとみらい21地区にある〈日本丸〉の目の前の水面で、昨今のボートショーでミニボートなどの試乗会が行われているところです。ここも行き交うボートの邪魔にならないように気をつけてアンカーを打てば、ご機嫌な泊地となります。手前にある橋が低いので、フライブリッジにハードトップがあるような大型艇は入れませんが、中型艇までは通れます。ビル街の真ん中でのアンカリングはまた格別です。ここの底質はヘドロで、ダンフォース型のアンカーは利きにくいですから、しっかり打ってください。

最後に、千葉県側の代表を挙げるとすれば、富浦湾でしょう。富浦港の紹介でも述べたように、富浦湾に入ってすぐ、大房岬のすぐ陰のところは、絶好のアンカリングスポット。特に夏場は、快適な海水浴を楽しむことができます。三浦半島の油壺を連想させるような、緑に抱かれてのゆったりとした時間を過ごすことができますよ。ボートが通るときは少々揺れますが、ラフティングしてみんなでわいわいしていると、本当にボートに乗っていてよかったと思います。なお、ここの底質は岩が少し混じった砂地で、アンカーの利きもいい場所です。

さて、「おや？泊地に東京が出てこなかったな？」と思う方も多いかと思いますが、そうなんです。東京で有名なお台場や葛西臨海公園前水路などは、東京都公園条例により、プレジャーボートの進入が禁止されてしまいました。水上バスの航行や屋形船の営業を守るため……ということになっていますが、大変残念なことです。ということで、公式にはアンカリングできません。運河の途中、内水面にはところどころアンカリングができる場所がありますが、大型艇は使えません。浜離宮恩賜庭園や有明貯木場跡など、多少アンカリングできる場所もありますが、時化て港外に出られないときなどに利用するに、とどめましょう。

PART 5

東京や神奈川は、水運が盛んだった昔から、河川や内陸運河が網の目のように走っていて、現在でもプレジャーボートで航行できるところはかなりあります。時化て海に出られないようなとき、こういった内水面の探索をしてみてはいかがでしょうか？　普段見る景色とはまったく違うアングルからの大都会、なかなかおもしろいですよ！

リバークルーズで非日常を満喫しよう

違うアングルから大都会を楽しむ

水の都の内水面クルーズ

東京や横浜は水運の町

東京の下町や横浜エリアなどには、河川や内陸運河が網の目のように走っているため、ボートで航行することが可能です。こうした内水面を航行する場合、橋の高さが低いため、大型艇での航行はできませんが、20フィート台半ばまでのプレジャーボートであれば、かなり行動範囲を広げることができます。

また、20フィート後半のフライブリッジを持つボートでも、荒川、隅田川、京浜運河などのエリアであれば、十分に航行することが可能です。時化てしまって海に出られないとき、こうした内水面の探索をしてみてはいかがでしょうか？ 普段見る景色とまったく違うアングルからの大都会。なかなかおもしろいですよ。

なお、多摩川水系、荒川水系などの内水面の水位の基準は、AP（Arakawa Peil）といって、荒川の水位が基準になっているのはご存じでしたか？ APは、最低水面と思ってください。つまり、AP＋4.8mと表示してある橋は、「大潮の干潮時、水面から橋桁の下面まで約4.8メートルある」ということです。これは、リバークルーズをする際、自艇がその橋の下をくぐれるかどうかの目安となります。

江戸時代のころから物資移動に欠かすことができない水路として、重要な役割を果たしてきた東京や横浜の河川。最近、これらの周辺環境が整備され、リバークルーズを楽しむ人も増えています

基本的テクニック

河川を航行するにあたっては、次のようなことに気をつけましょう。

- カーブした河川はアウトコースを通る。
- 狭い場所の行き会いは、下りの艇が優先。
- 初めてのところはスピードを出さない。
- 座礁に備え、リカバリーできる速度で。
- 魚探（測深機）は、かならず装備する。感度は10メートル以下の浅場用にセット。
- 水深が怪しいなと思ったら、すぐチルトアップして微速航行する。
- 河口付近は堆積物により、水路が複雑に変化していることがある。
- 大雨の後の増水時は航行しない。
- 遊歩道があるところや他船が係留しているところでは、曳き波を立てない。
- 耐震補強で水面下が出っ張っていることもあるので、護岸や橋脚には近づかない。
- 自艇が通れる潮位や水位を常に確認しておく。橋桁の高さも忘れずに。

河川に設置されたボートパーク（BP）などの船溜まりでは、デッドスローを心掛けましょう

リバークルーズを楽しむ際には、自艇が通れる潮位などを確認しておくことはもちろん、橋桁の高さもチェックしておきましょう

船着き場や公設桟橋

内水面の河川沿いには、実はたくさんの船着き場があります。水上バスの発着場、災害時緊急輸送のための桟橋など、そこらじゅうにあるといっても過言ではないでしょう。

しかし、こういった場所には着桟することができません。間違ってもこういった場所に着けてはダメですよ。トラブルのもとですからね。また、護岸に勝手に係留してもいけません。

こういった状況なので、内水面クルーズをするときは、食料や飲み物は自分で用意していきましょう。あちこちに点在する民間マリーナや、一時係留できるレストランを利用するのもよいでしょう。

最近は行政の対応も進んできて、臨時係留できる場所も少しずつながらできてきました。たとえば、隅田川の言問橋、吾妻橋、勝鬨橋には試験的に簡易船着場がオープンし、プレジャーボートが利用できるようになりました。大型船の曳き波などの影響で離着岸や乗り降りに気を使いますが、ゲストの乗り降りなどの待ち合わせ場所として活用できます。

筆者オススメのリバークルーズ①

東京二大河川巡り

【初級編】荒川〜隅田川

まずは東京を代表する二大河川、隅田川と荒川を巡ってみましょう。

大都会の真ん中を走る隅田川は、全線にわたって両岸が護岸で固められていて、都会の河川であることを感じさせてくれます。東京の真ん中を流れるこの川は、古くから網の目のように走る水路の中心的役割を果たしていて、多くの河川と合流しています。

隅田川の下流域では、夜景も一種格別な味わいがあります。吾妻橋を過ぎると両岸に桜並木が続き、春先は格好の花見ポイントとなります。

一方の荒川は、葛西臨海公園の西側の河口から埼玉方面へと続く河川です。東京

上空から見た荒川はこんな感じです。平行して中川が流れているのがわかりますね

東京湾から隅田川を望む。手前に見えるのは最初の橋となる勝鬨橋。一応、可動橋ですが、現在は開閉されていないのはご承知のとおり

随一の大河らしく、ゆったりとした流れ。両岸には広大な河川敷が広がり、岩淵水門までならほとんど水深の心配もなく、ピクニック気分で航行することができます。ただし荒川には特定の航行ルールが定められており、曳き波禁止の徐行域や航行禁止域などが設定されているので、注意が必要です。荒川については「河川航行情報図」を参考にするとよいでしょう（「荒川知水資料館」にて配布。TEL：03-3902-2271）。

リバークルーズ初心者は、まず、この隅田川と荒川を巡ってみるとよいでしょう。隅田川河口から遡上し、岩渕水門を抜け、荒川を新荒川大橋まで遡上してUターン、今度は荒川を下り、新木場まで抜けるのがオススメのコースです。都会の真ん中のアーバンクルージングから、牧歌的な郊外の雰囲気まで味わうことができます。

佃島の高層マンション群。この向かい側に、APの基準となった「霊岸島水位観測所」があります

途中、旧綾瀬川を通って隅田川と荒川を相互に航行してもよいですね。こちらも簡単なコースなのでビギナーにオススメです。なお、前述したように、隅田川には途中3カ所（勝鬨橋、吾妻橋、言問橋）に公共の船着き場があり、だれでも利用可能です。長時間の係留はできませんが、ちょっとした買い出しや人の乗り降りに便利です。

正面に見えるのが、旧綾瀬川の荒川側の水門です。ここが低いんですよね

旧綾瀬川の水路は、ご覧のように高速の下を走っています

荒川の終点、荒川河口にかかる首都高速湾岸線の橋梁

筆者オススメのリバークルーズ②

東京を端から端まで横断！

【初級編】新砂水門〜東雲運河〜京浜運河〜東京港西航路

次に紹介するのは、荒川河口から新砂水門を通って、砂町運河、東雲運河を経て東京港へ抜けるコースです。さらにレインボーブリッジをくぐって京浜運河に入り、天王州アイルを通り過ぎて京浜島の手前で大井信号所のほうへと抜けていきましょう。東京港西航路から有明を通り、東京港東航路に抜けていけば、グルッと周遊コースになります。このコースは運河の幅も広くて水深の心配もないので、安心して周遊できます。

砂町運河へは、荒川河口の湾岸線の大きな橋をくぐってすぐ左手から入ります。入口には新砂水門があり、ここから江東区内の内水面に入ることができます。水門を抜

潮見運動公園にかかる漣橋は、潮見から辰巳を結ぶために平成6年に新設された橋です

荒川から左に折れ、砂町運河に入ったところ。向こうに見えるのは新砂水門です

けてすぐ左手にあるのが東京夢の島マリーナ。さらに東京夢の島マリーナ正面を右に折れて砂町北運河を進むと、東京湾マリーナがあります。

水門を抜けてそのまま進むと京葉線の鉄橋が正面に架かり、左右に分かれる水路があります。左手は辰巳水泳場を過ぎて新木場に至る曙運河、右手は魅惑的な内水面に続く曙北運河がありますが、このコースではまっすぐ砂町運河を進んでいきます。

京葉線の鉄橋を越えると、すぐ右手には木造船のボートビルダーとして知られる佐野造船所があります。その先にある漣橋（さざなみばし）をくぐると、潮見運動公園の脇で変形六差路になった水面に出ます。

この六差路から東雲運河へ進んでいくと、

京葉線の高架脇にある佐野造船所。ここは、江戸時代から続く老舗造船所として知られ、現在も美しい木造ボートやヨットを世に送り出しています

東雲橋の下をくぐることになります。東雲橋は、このコースで最も背が低い橋。フライブリッジを持つ艇では潮位によっては航行できない可能性もあるので注意が必要です。

この橋をクリアすれば、すぐに東雲水門。水門を過ぎると左手に有明貯木場の跡地があり、その周辺には近代的な建物が立ち並んでいます。新しくできた橋をくぐると、もうレインボーブリッジは目の前。すぐに東京港へと抜けられます。

ここから京浜運河へは、レインボーブリッジの芝浦側にあるループ橋の脇を通って入っていきます。ここには高浜運河に通じる高浜水門があり、同水門を通過して港区内の

京浜運河の入り口に位置するレインボーブリッジのループ橋の部分。普段はなかなか見ることのないカットですよね

京浜運河に入って最初の橋です。橋の向こう側は、新幹線の橋梁です。橋を越えると、右手に天王洲アイルのビル群

品川の鮫洲運転免許試験場の脇。首都高はだんだん離れ、このあたりはちょうど八潮団地の向かい側になります

正面が羽田空港。この先は浅いので進入は禁物です

大井埠頭中央海浜公園なぎさの森の夕焼けなぎさ。名前のとおり、夕焼けがきれいに見える渚です

内水面に入ることもできますが、今回は、左に折れて京浜運河へ。京浜運河は幅が100メートル以上あり、水深の心配をせずに安心して航行することができます。鮫州までの区間、首都高速と並行して走ります。渋滞している車列を追い抜いていくのは、なかなか気持ちがよいものですよ。

新幹線の鉄橋を過ぎると天王州アイルのビル群を右手に望みます。天王州アイル側は、護岸の下に基礎がでっぱっているので近づかないこと。また、対岸のマンションの角も浅いので近づかないこと。

そのまま進むと鮫州の運転免許試験場、大井競馬場を過ぎ、大井埠頭の親水公園、夕焼けなぎさが見えてきます。さらに進むと、城南島、京浜島、昭和島の間の交差点に出ます。ここを直進すると昭和島、海老取川と抜けて多摩川に出られますが、難易度が高いので、今回はここを左手に折れて京浜大橋をくぐり、大井信号所に出ましょう。曲がって右手には、安田造船所や板倉シップヤードがあります。大井信号所のところからは、東京港西航路に抜けられます。この大井信号所の前では、羽田空港に離着陸する飛行機を間近に仰ぎ見ることができ、これは、ほかでは味わえない楽しみの一つです。

水道橋の向こうに見える橋を避けるために、モノレールと首都高速が上下に避けています

東京モノレールの大井競馬場前駅。この脇の勝島南運河を入ると、奥は品川水族館。ボートで行けないのが残念ですね

天王洲アイルを越えると、目黒川の入り口があります。桜の名所なので、よい季節には足を延ばしてみたいですね

筆者オススメのリバークルーズ③

下町内陸クルーズ

【中級編】隅田川〜小名木川〜荒川ロックゲート

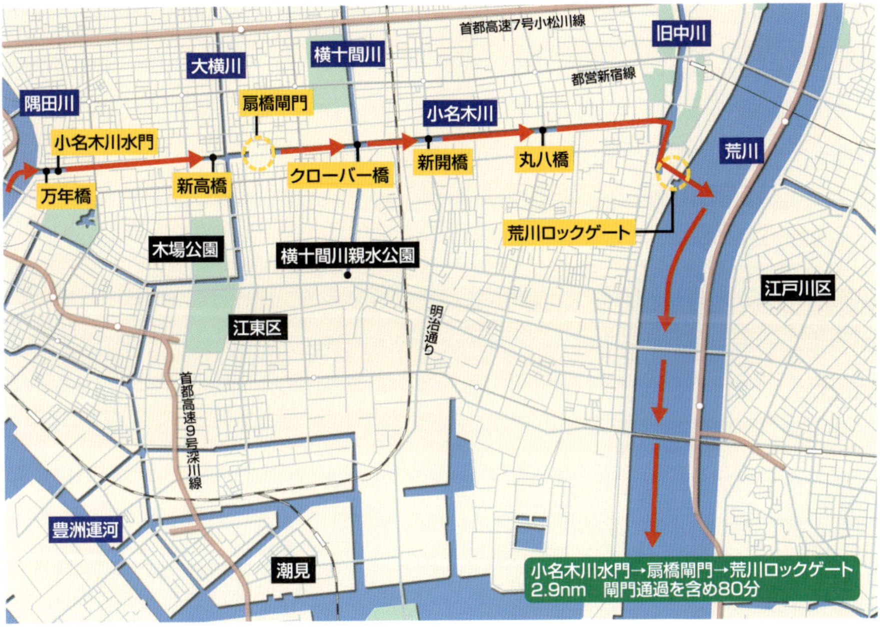

墨田川から小名木川入り口を望む。前方に見える最初の橋は、万年橋。左手には松尾芭蕉の記念館があります

隅田川から小名木川を通って扇橋閘門を経由して旧中川、荒川ロックゲートと抜けて荒川まで出てみましょう。ここは、めったに体験できない閘門式ゲートがくぐれるコースになっています。

小名木川は、以前は水運の中心として栄えた川。江戸時代に交通路として整備され、現在に近い形になりました。小名木川は一直線でカーブはなく、水深も心配ありません。その一方、低い橋が多く、フライブリッジなどの背の高い艇は航行できません。また、縦横に走る運河の分岐が沢山あるので、なんの準備もせずに曲がると迷子になるので要

これが荒川ロックゲート。旧中川と荒川を結ぶこの閘門ができたことで、荒川と旧中川、小名木川、隅田川までの航行が可能となりました

墨田川から小名木川に入ったところ。小名木川は、別名「塩の道」と呼ばれ、江戸時代にはこの水路を使って千葉の行徳から江戸に、塩が運ばれたそうです

注意。やはり道路地図は必携ですね。

小名木川の最大の特徴は、江東区内の内水面の入り口であることに加えて、途中、江東0メートル地帯を洪水の被害から守るために、パナマ運河式の閘門を設け、その先の水位を低く保っていることでしょう。このため、荒川や隅田川から小名木川に入る際は、プレジャーボートもいったん閘門（隅田川側が扇橋閘門、荒川側が荒川ロックゲート）に入って水位調整を受け、水面の高さが同じになってからふたたび航行可能となります。なお、江東区内の河川運河を航行するときは、最近発行された『江東内部河川通航ガイド』を参考にするといいでしょう（Webサイトからダウンロード可能／http://www.kensetsu.metro.tokyo.jp/kasen/guide/kotonaibu-rule.pdf）。航行方法や注意点、橋桁の高さなどの情報が満載されています。

清洲橋の上流左岸にある入り口を入ると、すぐに万年橋と新小名木川水門があります。そこを抜けると周辺は公園になっていて、気持ちのいい風景が続いています。この両岸は桜並木で、隠れた桜の名所。春の桜のシ

新高橋は、小名木川のなかでは一番橋桁が低い橋。ここを無事にクリアできれば、あとは心配いりません

小名木川のちょうどまんなかあたりに位置するクローバー橋は、歩行者と自転車専用橋。橋の真ん中には四つ葉のクローバーが描かれています

ーズンはぜひ訪れてみたいものです。

正面に大横川との交差点が見え、その向こうに扇橋の閘門が見えてくるあたりで、小名木川で一番低い新高橋（AP＋3.8メートル）に遭遇します。ここを無事にくぐれたら大横川を超え、新扇橋をくぐるといよいよ前半のハイライト、扇橋閘門があります。接近すると、どうすればいいのか放送で指示があるので従いましょう。閘門内は艇がぶつからないようにフェンダーを出し、壁面に用意されている鎖にロープを回してボートを支えます。所用時間は、おおよそ20分くらいです。

その後、小松橋、小名木川橋下を進むと、正面に横十間川の交差点、クローバー橋が見えます。横十間川は、向かって右方向は

隅田川方面からだと、最初に遭遇することになる閘門、扇橋閘門。この閘門は、水害対策のために作られたものです

親水公園になっていて入れませんが、左折すると錦糸町を通って北十間川に抜けられます。ただ、このコースは川幅が狭く、水深も浅いので上級者向き。

クローバー橋を過ぎて少し行くと右側が掘り込んであり、水上バスの係船場になっています。その先、JRの鉄橋をくぐって明治通りの進開橋を過ぎると、そろそろ終盤。人道橋の砂島橋を過ぎて丸八橋を過ぎると、番所橋。番所橋を過ぎるとそこが旧中川で、小名木川の終点となります。そのまま旧中川に入って右折すると、荒川ロックゲートに出ます。

小名木川と旧中川の交差点に位置する「江東区中川番所資料館」。江戸時代の番所跡に建ち、和竿を中心にした釣具展示室も併設されています

筆者オススメのリバークルーズ④

都会の真ん中コース

【中級編】神田川　両国～後楽園

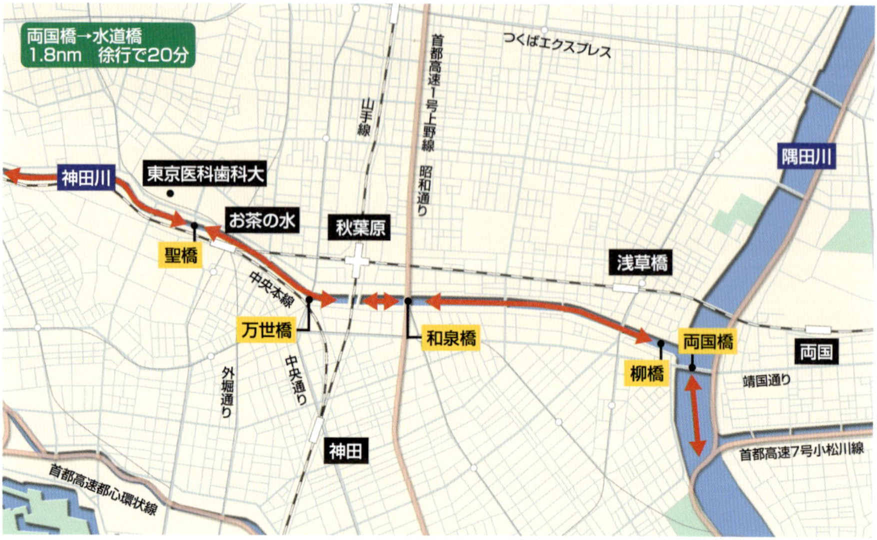

隅田川から神田川に入り、都会のオフィス街を御茶ノ水まで行ってみましょう。いつも陸から見ている景色を反対から眺めるというのは、とても不思議な気分です。このコースは、特にむずかしいところはありませんが、狭いので精神的には中級者向けですね。

神田川を入ってすぐのところに立ち並ぶ船宿と柳橋。かつてこのあたりは粋なお江戸の水遊びの基点でした

神田川には、隅田川を遡行して両国橋のすぐ上流左岸にある入り口から入ります（ここには水上警察の警備艇が常駐しています）。神田川に入ると、船宿が並び、色とりどりの屋形船や釣り船が係留されています。このあたりは芸者街で昔の江戸時代からの「粋」なお江戸の水遊びの基点として栄えたところ。そんな昔話を思い浮かべて走るのも感慨深いですね。

柳橋を過ぎ、浅草橋、左衛門橋と船宿が切れるまでは、デッドスローを心がけましょう。ちなみに、御茶ノ水まではこの柳橋が一番低

秋葉原の万世橋。銀座・日本橋から上野方面に向う中央通りが、神田川を渡る位置にある

い場所ですので(AP＋4.4メートル)、柳橋をクリアできれば、あとは安心です。ただし、神田川は両岸に護岸基礎があるので近づかないこと。

和泉橋を過ぎると、賑やかな秋葉原のたたずまい。JRの幅の広い鉄橋をくぐったら、正面に万世橋が見えてきます。道行く人が珍しそうに見下ろすのが、ちょっと面映い感じがします。

総武線の鉄橋を過ぎたら、谷のような間を縫うように走ります。このころには、丸の内線の低い鉄橋と聖橋が見えてくるはず。なかは暗く、少々威圧感がありますが気にせず進みます。鉄橋を抜けると、お堀のなかのような御茶ノ水の水面に出ます。正面に優美な聖橋、続いて東京医科歯科大前や順天堂大医学部前の美しい石垣と、緑の土手が迎えてくれます。御茶ノ水駅にたたずむ人が珍しそうに見下ろすなか、一息つきましょう。

後楽園遊園地や東京ドームのある水道橋、後楽橋と抜けると、上に首都高速の高架が見えてきます。この左手に、日本橋を通って隅田川に抜ける日本橋川の入り口があ

神田川といえば聖橋。周りの景観に美しく溶け込んだ姿が、とっても優美なアーチ橋です

ります。さらにその先に進むと、飯田橋の突き当たりに出ます。

飯田橋より先は暗渠になっていて、航行はできません。通常は、ここまでがクルージングコース。神田川には洪水対策として、いくつもの導水路が口をあけています。十分船が通れる高さと水深があるそうですが、恐ろしくて筆者も入ったことはありません(笑)。

帰りは、基本的に来た道を戻りますが、慣れてきたら日本橋川に抜けてみるという手もあります。ちょっと難易度は高いですけどね。

聖橋を超えると、お堀のような雰囲気。前方に見えるのは順天堂大医学部です

筆者オススメのリバークルーズ⑤

おしゃれなウォータフロント探索

【中級編】浜崎橋～芝浦運河～新芝運河～高浜運河など

江東区の内水路に負けず劣らず、港区の水路も変化に富んで楽しいもの。レインボーブリッジから芝浦運河、新芝運河など、繁華街の真ん中を走るエキゾチックなクルージングが楽しめます。波静かな内水面なので、風が強くて出られないとき訪れてみてはいかがでしょう?

港区の内水面は、ゆりかもめの竹芝駅の近く、「ホテル インターコンチネンタル 東京ベイ」の脇にある浜崎橋を入り口として始まります。実は、この場所は港区の内陸を走る古川の河口にもなっています。浜崎橋を過ぎると、すぐ左が芝浦運河の入り口。このあたりの両岸には屋形船がびっしり停まっていて、古川方面に直進するときは、どこを通ったらよいか迷うほどです。

芝浦運河に入ると首都高速の脇、高層ビルが立ち並ぶ間を下っていきます。運河の幅はおよそ50メートルほど。港区の運河は、水深に関しては特に問題ありません。東芝浦橋、古川水門、新芝浦橋、末広橋と進んでいきましょう。橋桁は、いずれも最初にあった浜崎橋より高いので、心配いりません。その先、南浜橋の手前は大きく右に掘り込まれていて、ちょうど田町にあるヤナセの裏側にあたります。

南浜橋を越えると、変形の四差路。真っ直ぐ進む芝浦運河、斜め右に向かう細い新芝運河、そして左に曲がると、ふたたび東京港に出る短い東芝浦運河です。ひとまずは真っ直ぐ進んでみましょう。交差点を過ぎると浦島橋、潮路橋と進んでいきます。この潮路橋は、芝浦運河でもっとも低い橋（AP＋4.2メートル）です。

潮路橋を越えると右T字路になり、右が芝浦西運河になります。芝浦西運河は、いった

芝浦アイランドを取り囲む芝浦西運河。突き当たりが芝浦運河です

ボートライセンススクール、芝浦アイランド ミナモのお洒落なオープンテラス&レストラン

天王洲運河沿いにある、ボートで行けるレストラン「T.Y.HARBOR BREWERY」。桟橋利用は事前予約制で、2時間3,000円なり（TEL：03-5479-4555）

ん西に向かいますが、すぐ南に大きく左に曲がって芝浦運河と平行に走り、渚橋、夕凪橋を経て、800メートルほどでふたたび芝浦運河に合流します。その間、新芝北運河や、新芝南運河と交差し、田町駅のすぐ裏手の内水面に続きます。ここは芝浦アイランドという一大再開発地域になっていて、高層ビルが立ち並ぶウォーターフロントの最前線です。「芝浦アイランド ミナモ」（ボートライセンススクール）のお洒落な桟橋などもあり、さまざまなイベントが開催されています。芝浦西運河への分岐を越えて芝浦アイランドを過ぎ、汐彩橋、港栄橋と過ぎると、左右に走る高浜西運河でドン突きとなります。この間、およそ2キロほどの運河です。

少し戻して新芝運河を見てみましょう。新芝運河は、芝浦運河の半分ほどの幅しかありません。精神的にはかなり狭く感じることでしょう。両岸には遊歩道が続き、道行く人と触れ合うほどです。芝浦運河から分岐した後は真っ直ぐ500メートルほど進み、竹芝橋、香取橋と過ぎると新芝北運河の交差点に出ま

芝浦運河沿いは、一昔前に比べるとすっかりお洒落なスポットに変身しています

鉄橋の下にかかる芝浦橋。ここの角は水深が浅いので要注意です

ここが新芝運河の終点。向こうはJR田町駅方面になります

す。正面にはモノレールが走り、右に曲がると港区スポーツセンターの手前ですぐ行き止まり。屋形船の溜まりになっています。そして左に曲がると芝浦西運河へと戻れます。

さらにその先、霞橋、芝潟橋と過ぎ、ボーリング場「田町ハイレーン」の脇を通っておよそ300メートルほど。このコースの最大のポイントは、先の芝浦運河の潮路橋がくぐれなかった場合、こちらのコースは橋桁が高いので(といっても約30センチ高いに過ぎないですが)、迂回コースとして利用できることです(AP＋4.5メートル)。真っ直ぐ進んで次の橋、新芝橋はJR田町駅のすぐ脇。そのまま進むと、藻塩橋を越えて大きく左に曲がる三差路に出ます。左に曲がると新芝南運河。百代橋、八千代橋を通って芝浦西運河へと戻れます。

新芝運河を斜め左に直進すると、500メートルほど進んでドン突きとなる。ここが新芝運河の終点。左に曲がると高浜西運河となります。上には新幹線の高架が架かっています。この曲がり角は、少々浅いので注意が必要。大回りをしてください。高浜西運河に入ってそのまま進み、旧海岸通りの高浜橋をくぐると、ちょっと開けた変形五差路。右に行くと高浜運河、左手前が芝浦西運河、左手奥が芝浦運河です。直進すると、首都高速1号線の高架下の五色橋をくぐって、高浜水門から京浜運河に出ます。ここはレインボーブリッジのループ橋のすぐ脇となります。

高浜西運河を右折して高浜運河に入り、新幹線の鉄橋をくぐったら、低い水道管(AP＋4.7メートル)を従えた浜路橋を越えます。さらに、新港南橋、御楯橋、楽水橋を抜けると、交差点に出ます。右手が天王洲運河。天王洲橋を越えて北品川駅のすぐ裏手までいける、500メートルほどの水路です。左手が天王洲南運河。こちらは、天王洲ふれあい橋、天王洲水門、天王洲大橋を経由し、天王洲アイルの脇で京浜運河に出ることができます。数年前、この交差点の天王洲サイドに、桟橋を持つレストラン「T.Y.HARBOR BREWERY」がオープン。ボートで訪れることができるのは、うれしい限りですね。

そのまま直進すると、新東海橋、目黒川水門を経て、T字路に突き当たります。左に行くと、天王州アイル、東品川橋を経て、京浜運河に出ます。T字路の右手は目黒川です。ここも桜の名所で、目蒲線の鉄橋までは特に心配なく遡行できます。チャンスがあれば訪れてみましょう。

筆者オススメのリバークルーズ⑥

みなと横浜の河川を堪能する

【中級編】大岡川、中村川、掘割川

横浜にも多くの内水面があります。そのなかでも大岡川、中村川、掘割川の三つは押さえておきたい河川。小型艇なら大岡川、もしくは中村川から掘割川を経て、横浜港から根岸湾まで抜けることができます。また春の季節は大岡川は隠れた桜の名所で、両岸に植えられた桜のトンネルのなかを走ることができます。ここでは小型ボート乗り必修科目、横浜内陸河川の走り方をご紹介しましょう。

まず中村川からです。中村川は、ボートで

これが中村川の始まりとなる、山下橋です。中村川には「タイクーン」の脇、首都高速の下へ進みます

中村川は、すべて高速道路下で薄暗いイメージですが、川幅はご覧のように十分にあります

行けるレストラン、「タイクーン」のすぐ脇から首都高速の高架の下をずっと走って、中華街、石川町の脇を通って中村町で掘割川と合流します。さらにそのまま700メートルほど進むと、横浜ランドマークタワー前に抜けられる大岡川と合流します。全行程が首都高速の高架の下で昼でも暗く、なんだか少々薄気味悪さすら感じる川です。全長は「タイクーン」脇から掘割川の合流までで、3キロメートルちょい。ほぼ一直線に流れています。数多く掛かる橋のなかには低いものもあって、潮位によってはハードトップ付きの23フッタークラスではくぐれないこともあります。基本的には、小型オープンボート向けのコースですね。水深は、最後の掘割川との合流点前の橋付近を除き、真ん中を走ってさえいれば、まず心配ありません。

中村川から分岐した掘割川は、一転して明るい空の下、根岸湾に向けて一直線に南下しています。中村川の薄暗い水路から出た後は、思わずホッとするはずです。掘割川は、国道16号線に沿って走る川で、自動車からご覧になったことがある方も多いでしょう。その名の通り、両岸の護岸が石積みでできているところが多く、なんだかお濠の掘割のなかを走っているような感じがします。また、掘割川も低い橋が多く、ハードトップが付いている艇では、潮位を見ないと橋桁をくぐれないことがあります。

中村川でのクルーズは、いろいろな個性的な橋が続いて飽きません。写真は中華街の横あたりですね

これは、ちょうど堀割川にある中村橋の掛け替え作業中の一枚。なかはご覧のように暗くて狭く、高さもギリギリでした

堀割川河口にある横浜市民ヨットハーバー。元々は横浜の山下町にあったのですが、昭和43年に現在の地に移転しています

JR根岸線手前で国道16号線と別れた掘割川は、やがて根岸湾へと注ぎます。掘割川河口右岸側には横浜市民ヨットハーバーがあり、係留された数多くのヨットを見ることができます。

一方、中村川から分岐する大岡川は、緩やかに蛇行し、両岸に遊歩道などもあり、ずっと川らしい趣です。南大田から黄金町、日ノ出町の駅の脇を通り、桜木町から「横浜ランドマークタワー」のある、横浜みなとみらい21地区に注いでいます。特筆すべきは春の桜のシーズン。大岡川両岸に植えられた桜並木が、川面に張り出すように咲き誇り、さながら桜のトンネルのなかを走るような体験ができます。遠くに横浜ランドマークタワーを望見しながら走るのは、また格別です。大岡川の橋は中村川より一段低くなっていますから、万一、大岡川が通れなかったら中村川に回ってみてください。ただし、大岡川と中村川のY字型の分岐の角は浅いのでショートカットは禁物です。

ランドマークの足元の大岡川の河口、ちょうど〈日本丸〉がある前の水面は、四方を囲まれたとても穏やかなアンカリングスポットとなっています。繁華街の真ん中に停まっているような気分を味わえます。ぜひリバークルーズの途中に休憩してみてください。

小型艇だけですが、この掘割川から中村川／大岡川を抜けることによって、根岸湾から横浜港に抜けることができます。さらに京浜運河、後述の海老取川を抜けることによって、小型艇なら港外を走ることなく根岸湾から旧江戸川まで抜けることができるのです。万一の荒天に見舞われたときのためにも、条件のいい日に一度探検してみてください。

堀割川から見たJR根岸線の鉄橋と首都高速並木線

筆者オススメのリバークルーズ⑦

ぜひ習得しておきたいルート

【上級編】昭和島〜海老取川〜多摩川〜多摩運河

新香川河口。周辺にはPBS（プレジャーボートスポット）が並びます。ちなみに河口右手にある中学校が筆者の母校。幼少のころはここから海に出ていました

このコースは、小型艇オーナーにとって、「港外が荒れてしまってとてもじゃないけど走れない」といった際の強い味方。いずれも航路がむずかしいのですが、ぜひ習得しておきたいコースです。ただし、ここは事前に詳細を知らなければ走れない場所でもありますので、かならず条件のよいときに練習しておいてください。このルートと横浜の京浜運河、東雲運河などを合わせると、根岸

湾から江戸川まで一度も港外に出ずに走ることができます。

では、京浜運河の終わりから見てみましょう。ここから多摩運河までが最大の難所です。

右端が異様に低い京和橋を過ぎると、正面に羽田空港が見えてきます。しかし、これは要注意。右手の昭和島が切れるあたりまで来たら、決してそのまま直進してはいけません。正面に広がる広い水面は、昔、大森海苔を採っていた浅瀬です。三番瀬と同じ注意が必要と思ってください。

正しいルートは、昭和島の角まで来たら護岸沿いに直角に曲がります。赤いブイがありますから、それを右手に見て曲がること。するとすぐ目の前にモノレールが見え、その左手手前に赤いブイが見えてきます。今度はこのブイをかならず左に見て直角に曲がってください。この左手は、干潮時に陸が出るほど浅いのです（次ページ図A参照）。

モノレールのすぐ脇を進むと、突き当たり右側に海老取川が見えてきます。海老取川に入ると、正面には首都高の回転橋が見えてきますが、いまでは“動かずの橋”です。これは、昔、羽田空港からの乗り口の渋滞を緩和する目的で、海底トンネルを迂回するために作られたものですが、当時海老取川の奥には造船所があったため、回転橋という造作になったようです。しかし、現在、造船所はマンションになってしまい、湾岸線もできて渋滞もなくなり、使われることがなくなってしまった次第（こんなウンチクを語りながら走るのも、キャプテンの務めですね）。これを抜けるとすぐ右にPBSを有する新呑川の入り口があります。

東京モノレールの整備場前駅。この奥が羽田空港（東京国際空港）になります

続いて海老取川を見てみましょう。新呑川を過ぎてすぐ右手に北前堀の短い水路、その先、高速の高架の下には南前堀川の入り口があります。ここは、水門を越えると

海老取川の最初の橋、穴守橋。ここから水路が狭くなります。船溜りもありますので、徐行で進みましょう

昔はこの右手の場所に、水上バーがあったんです。知っている人は知っているところですね

海老取川も終盤。ここからが本当にむずかしいところです。前方に見えるのは弁天橋

正面は羽田空港、左手が京浜島。ここは昔、大森海苔を採っていたところです

昭和島の角を曲がったところ。この角に赤いブイがあり、それを右手に見ながら小回りします

いまは使われなくなった首都高速の可動橋。その成り立ちに歴史を感じます

浅瀬の角には赤いブイがありますので、これを左に見て曲がります。広く見えますが、走れるところは少ししかありません

このあたりは干潮時に干潟が出現するくらい浅いところ。要注意です。干潟が出ているのがわかりますか

ちょっとした探検気分に浸れます。奥行きは500メートルほど。ここを過ぎると、海老取川は両岸とも護岸に囲まれた狭い水路になります。環状八号線の穴守橋を見るころには、デッドスローに落とすこと。というのも、ここは羽田の漁師の船溜まりとなっているからです。稲荷橋、天空橋と過ぎ、弁天橋を過ぎたら最大の難所、海老取川河口の通称、「亀の甲」です。ここは大きく蛇行している上に水深が浅く、しかも可航域が非常に狭いのです。干潮時、ここですれ違わなくてはならないときは本当にヒヤヒヤします。ずらっと竹竿が並んでいるのであまり迷うことはありませんが、多摩川に出きるまでは神経を使います。逆に多摩川から入るときは立ち並ぶ竹竿を見誤らないようにしないといけません。またこの辺りは多摩川からの堆積物がすぐたまり、航路が変わることが少なくありません。台風や大雨の後は要注意です。

ここから多摩川に入りますが、多摩川の水路の複雑さは、都内ナンバーワン。初めてで十分な調査をしていない場合、座礁は覚悟しておいてください。特に海老取川より上流は、決して足を踏み入れないように。とても一言では言い表せないほど複雑です。

海老取川の出口の竹竿を越えたら、すぐに左に曲がり、左岸側1/3程度のところを航行します。真ん中より右岸側は、とても浅いので入らないように。竹竿やブイが随

海老取川の出口は浅く狭いうえ、S字にカーブしています。設置されている竹竿に沿って進みましょう

このあたりで行き会う艇があったら、あまり端に寄ってはいけません。座礁しますよ

河口からは川崎側ベタで進入しますが、多摩運河の前で右に直角に曲がる必要があります。そのため、ドンツキのところに杭があるのです

多摩運河入り口。ここから、コースは右に直角に曲がります。このコース取りがまたむずかしいんです

海老取川河口から多摩川下流方向を見たところ。右舷側には沢山の竹竿が立っています

所にありますが、それに従って真っ直ぐ進みます。やがて右手に多摩運河の入り口とともに、3本の鉄の杭が見えてきます。そのまま多摩運河の延長線上まで進んだら、直角に右に曲がって多摩運河へ進みます。3本鉄の杭は、これ以上先は浅いという目印ですので、決してこの杭より上流に出てはいけません。しかし、あまり下流まで離してしまうと、これまた浅いので要注意。つまり、多摩運河の延長線上、ど真ん中を走ります。

ここから多摩川を下る場合は、羽田側は浅いので川崎側をベタで走ります。そして多摩運河に向かって入る手前を直角に左折。このとき、杭の近くに行ってから直角に曲がること。ショートカットして曲がってはいけません。左手はとても浅いのです。このように多摩川は航路筋が複雑で、非常に気を使うところなのですね。

多摩運河に入ってしまえばあとは、むずかしいことはありません。安心して横浜方面に向かいましょう。

弁天橋の下から海老取川出口を見る。ここは、通称「亀の甲」と呼ばれている難所が待っています

おわりに

プレジャーボートのクルージングガイドを目指した本書は、いかがでしたでしょうか？ 筆者が遊ぶ東京湾周辺という限られたフィールドですが、遊び方の参考になりましたでしょうか？

冒頭にも述べましたように、初めてボートオーナーになった方は、どこへ行ったらよいかわからない、なにをしたらよいかわからない、という方も少なくないと思います。だれしも、最初から自由自在に飛び回れるわけではないですもんね。でも、少しずつ足を延ばして自分のフィールドを広げていってください。きっと楽しいボートライフが待っているはずです。

みなさんが、楽しく安全なボートライフを満喫できますように、本書が少しでもお役に立てれば嬉しい限りです。

協力・写真提供

イズミマリーン、伊東サンライズマリーナ、下田ボートサービス、日本総合システム、ぷかりさん橋事務所

参考文献

海図「東京湾北部」(W1061)「東京湾中部」(W1062)「東京湾南部」(W1063)、ヨット・モータボート用参考図「東京湾 その1」(H171W)「東京湾 その2」(H172W)「東京湾 その3」(H173W)、プレジャーボート・小型船用 港湾案内「本州南岸1」

小川 淳(おがわ・あつし)

1961年東京生まれ。インターネットのバーチャルマリンクラブ「湾奥クラブ」を主宰。ごく普通のサラリーマンとしてボート、ジェットスキー、ウェイクボード、ウォータースキーと、さまざまなマリンスポーツに親しむ。ホームポートは旧江戸川のIZUMIマリーンに愛艇〈TORITON Ⅳ〉(ティアラ36)を置き、波瀾万丈のボートライフを大いに楽しむ。著書に『ナビゲーション大研究』『電装系大研究』(いずれも舵社刊)がある。現在、舵社『ボート倶楽部』誌にて「ボーティングトラブル一件落着」を連載中。ネットの世界ではogaogaのハンドルで知られる。

URL http//www.ogaoga.com/

GPSプロッター&航海用レーダー入門講座

ナビゲーション大研究

小川 淳 著

B5判/112頁
(オールカラー)
価格:2,000円+税

いまやプレジャーボートの必須アイテムとなったGPSプロッター。コンパクトな仕様やコストパフォーマンスの向上によって、急速に利用者が増えつつある航海用レーダー。本書では、これらの航海計器を活用したナビゲーションの基本について、写真やイラストを使ってわかりやすく解説している。

安全に小型ボートに乗るための50のポイント
モーターボート入門講座

舵社編集部 編

B5判／144頁（オールカラー）／ DVD付き

価格：2,800円＋税

小型ボートを操船するために最低限必要とされる知識を、50のテーマ別に網羅したボートハンドリングの入門書。実践的なハンドリングのノウハウを、カラーイラスト、カラー写真、さらには動画映像をまじえてわかりやすく解説している。付録のDVDには、約25分間の映像を収録。

ヨット乗りの気象予報士が教える天気のツボ
海のお天気ハンドブック

馬場正彦 著

A5判／128頁

価格：1,400円＋税

プレジャーボート向け気象情報提供サービスも手掛ける筆者が、海をフィールドに休日を楽しむ人たちに向けて、まったく新しいスタイルのハンドブックを送る。「むずかしい気象本はもういやだ」という自身の経験を基に、わかりやすいイラストと平易な言葉で、海の気象の基本を詳しく解説。

初級試験に出題される問題と解説を収載

ふね検 試験問題集（初級編）

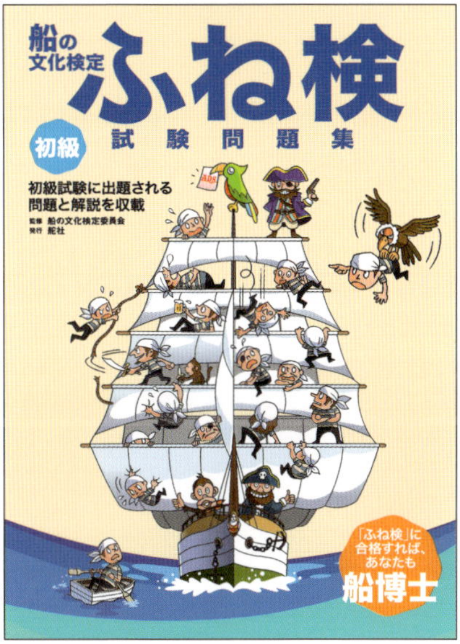

船の文化検定委員会 著

A5版／160頁

価格：1,143円＋税

ボート、ヨットなどプレジャーボートはもとより、小舟から大型船、商船、客船、帆船にいたるまで、船に関する歴史や文化、あるいは船を使った遊びなどについて楽しく学び、深く、幅広い知識を修得できる検定試験、船の文化検定「ふね検」。「ふね検」に合格すれば、あなたも船博士になれる!

DVD＆イラストで「結び」を速攻マスター

ロープワーク入門講座

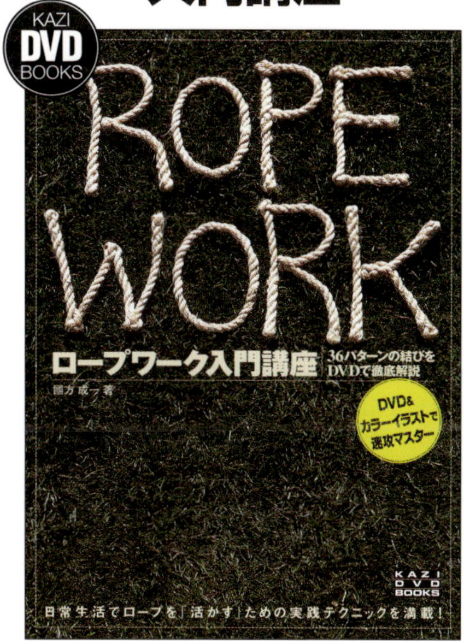

国方成一 著

B5判／88頁（オールカラー）／ DVD付き

価格：1,900円＋税

日常生活のさまざまな場面において、ロープを「活かす」ための実践テクニックをカラーイラストでわかりやすく紹介。さらにロープワークの基本的な結び36種類について、一連の手順をDVDに収録し、初心者でも結びの基礎がマスターできるようになっている。ビギナーの入門書として最適な一冊。

ご注文・お問い合わせは

舵社 販売部

〒105-0013 東京都港区浜松町1-2-17ストークベル浜松町

TEL：03-3434-4531 FAX：03-3434-2640

http://www.kazi.co.jp/

ogaogaの
東京湾
クルージングガイド

2009年9月10日 第1版第1刷発行

著者 小川 淳
発行者 大田川茂樹
発行所 株式会社 舵社
〒105-0013
東京都港区浜松町1-2-17
ストークベル浜松町
TEL：03-3434-5181（代表）
TEL：03-3434-4531（販売）
FAX：03-3434-2640
写真 小川 淳、山岸重彦、宮崎克彦
イラスト 柴田次郎
編集 星野 淳
装丁・デザイン 菅野潤子、高根沢恭子
印刷 図書印刷株式会社

ISBN 978-4-8072-1517-1 C2075

定価はカバーに表示してあります

海上保安庁図誌利用 第210024号